買わない暮らし。

片づけ、節約、ムダづかい……
シンプルに解決する方法

筆子
Fudeko

大和出版

本当は買わなくていいものまで買っていませんか？——はじめに

はじめまして、筆子です。私は、カナダ在住の60代ブロガー。ミニマリストとして、毎日、持たない暮らしについて発信しています。

ブログの読者から、お金に関する悩みをいただくことがあります。具体的には、

「もっとお金があったらいいのに」

「うまく節約する方法を知りたい」

「貯金がないから、このままでは将来が心配だ」

といった内容です。

みんな、お金に関する不満や不安、ストレスを抱えているのですね。

でも、このような心配をしている人の多くは、実は、すでに充分な収入があります。

ただ、買わなくてもいいものやサービスまで購入しているから、支出がかさみ、余裕のない生活になるだけなのです。

つまり、私たちの多くは、本当は買わなくていいものを、「使うのは当たり前」「買うのが当然だ」と思い込んで、消費を続けているということ。

その証拠に、部屋が物だらけになり、片付け方法を知りたいと思っている人はたくさんいます。買わなくてもいいものまで買うからガラクタだらけになっています。いらない物を買いすぎて、使い切れず、死蔵品やガラクタにし、その片付け方に悩む一方で、「お金が足りない」と悩んでいます。それならば、最初から不用品を買わなければいいですよね。とはいえ、大量生産・大量消費の社会で、長年身についた習慣や思い込みを変えるのは難しいものです。

私は、ミニマルな暮らしをする過程で、「買わない暮らしこそが、最強の節約になる」と気付きました。「買わない暮らし」といっても、まったく買わないわけではありません。「本当はいらないもの」を買わない、という暮らしです。

買わない暮らしをすると、気分よくお金を使うことができ、貯金が増え、部屋が片付き、不安や不満が減り、日々の暮らしが楽しくなる、といいことづくし——。

この本では、「買わない暮らし」を実践するために、買いすぎてしまう行動や思考を変える方法を具体的にお伝えしています。

ではここで、この本の流れを、簡単にご紹介しますね。

パート1では、よくあるまずい買い方について書きました。まずい買い方とは、一言で言うと、「買いすぎ」です。すでに必要な物は家にあるのに、なぜ買いすぎてしまうのか、その理由を詳しく解説しました。

私自身、若いころは、頒布会やカタログ通販を利用して、洋服や雑貨を買いすぎていましたが、その行動の裏にあったものを赤裸々に告白しています。

パート2では、お金より大事なものについて書いています。

多くの人は、「この世で一番大切なのは、命や健康を除けばお金である」と無意識に思っています。しかし、人生には、お金以外に大切なものがあり、その存在に気付くことができれば、目先のお得に踊らされて、自分のためにならない買い物をしなくてすむのです。自分が大事にしたいものや、やりたいこと、理想の生活を見極めれば、価値観に沿った買い物ができるので、買い物の満足度が上がりますよ。

パート3では、「買い物日記」や「買わない挑戦」など、買い物習慣を変える方法を具体的に紹介いたします。どれも今日からすぐにできる簡単な方法ばかりです。

私は、もともとお金の管理は苦手でしたが、日々の買い物やお金の流れを記録し、振り返ることを始めたら、以前より貯金できるようになり、漠然とした不安がなくなりました。

パート4では、物を捨てることをおすすめしています。不用品を捨てることが、これまでの買い物習慣の見直しになります。実際、私が、節約や貯金に意識を向けることができたのは、いらない物を徹底的に捨てたからです。

さあ、さっそく今日から、「買わない暮らし」を取り入れてみませんか？

それでは、本文でお待ちしています！

筆子

『買わない暮らし。』目次

Part 2 お金より大事なものを知る

Part 3

この方法で買い物習慣を変える

Part 4 物を捨てて買わない暮らしへ

本文レイアウト／今住真由美
本文DTP／白石知美（システムタンク）

Part

1

あなたは、こんな買い方をしていませんか？

1

節約できない原因は、その〝買い方〟にある

誰でも「お金がない」「もっとお金がほしい」「もっと節約しなければ」と考えることがよくあるでしょう。

生活のあちこちで切り詰めて、節約に励んでいる人もいるかもしれません。

しかし、我慢を強いられるような疲れる節約をしなくても、現在の買い物の習慣を見直し、買わなくていい物を買うのをやめれば、もっとお金が残ります。

貯金額を増やす方法は、３つあります。

1 収入を増やす
2 支出を減らす
3 利回りのいい運用をする
※3は投資なので、ここでは取り上げません。

たいてい、固定費を見直したり、食費を節約したりするものですが、切り詰めているつもりでも、買わなくてもいい衣料品や化粧品、雑貨を買いすぎていることに、まったく気付かないことがあります。

「いえいえ、私は、無駄遣いはしていません。ギリギリまで削っています」

こうあなたは言いますか？　**ですが、多くの人は、本当は買わなくていいものまで、「これは買うのが当たり前」だと思って買い続けているのです。**

洗浄剤を例に挙げましょう。自分を洗うものひとつ取っても、顔用、手のひら用、髪用、身体全体用と複数の商品があります。さらに家の中には、住居用の洗剤、食器用洗剤、衣料用洗剤もありますね。

住居用も、床用、お風呂用と分け、トイレ専用スプレー、油汚れ専用スプレーと取り揃える人もいます。

実は、こんなにたくさんの洗浄剤を使わなくても、自分の身体のメンテナンスも、家の掃除も問題なくできます。私が掃除に使うのは、重曹、お酢（クエン酸）、アルコール、石けん、水、エッセンシャルオイル（抗菌、殺菌、香り付け用）だけです。石けんで全身を洗って、お酢でリンスするか、湯シャンを取り入れれば、シャンプー、リンス、トリートメントをズラズラとお風呂場に並べる必要はありません。
私たちは、本当は使う必要のない物や、なくても生活に支障がない物をなんの疑問も持たずに何年も買っています。こうした買い物を見直せば、きつい節約をしなくても、貯金するお金が手元に残るのです。

ある人の、あるサイクル

シンプルライフを目指して、普段、片付けに励んでいる人でも、知らないうちに無駄な物にお金を使っています。あなたは、こんなことを繰り返していませんか？

家に着られる服がたくさんあるのに、おしゃれで安い服を見つけて買う。
▼
買ったあと、多少は着る。しかし、すでにたくさん服を持っているので、やがて

死蔵品になってしまう。

▶着ないのに、「いつか着られるかもしれない」と思って捨てない。その結果、家の中に服がたまる。

▶タンスがいっぱいになり、収納ケースを買う。それでは足りなくなり、１００円均一ショップで、一見便利そうな収納かごを買って、タンスの中身を整理する。

▶一方で、相変わらず、安くてかわいい服を見つけるとほしくなって衝動買い。そのうち収拾がつかなくなり、安くはないお金を払い、片付けセミナーに出席したり、整理収納アドバイザーを家に呼んだりする。

▶こうして「捨てること」に開眼。不用品を大量に捨てる。あまりにたくさんあるので、トラックや回収業者にお金を払う。

いったん片付け体質を身につけるも、これまでの買い物習慣がなかなか抜けず、「買っては捨てる、買っては捨てる」を繰り返す。

◀

家計が苦しくなり、パートに出る。「パートに行くんだし、きちんとした服を着ないとね」などと思い、また服を買う。

◀

最初に戻る。

これは極端な例ですが、次々と買う生活が普通になっていると、何をするにも、「まずは、あれとこれを買わなきゃね」と、新しい物を買うことを思いついてしまうのです。

2

なぜ、買いすぎてしまうんだろう？

なぜ、こんなに買い物ばかりしてしまうのでしょうか？
私はこんな背景があると思います。

「あればあるほどいい」と思っているから

大量生産・大量消費の社会で暮らしている私たちは、物心ついた頃から、ごく自然に「物はたくさんあるほどいい。たくさんあれば幸せになれる」と思い込んでいます。物が少ないのは貧相で不自由で危険なことであり、物がたくさんあるのは豊かで自由で安全だという価値観を、無意識のうちに持っています。
そのため、いつも物を買うきっかけを探していて、物を減らすことより、新たに買って数を増やそうとします。

近年、持たない暮らしや引き算する暮らしが注目されていますが、買ってたくさん

持つことがデフォルトになっているので、こうした暮らしがニュースになるわけです。

何も意識していないと、ついつい、「買い足そう」「もっと持とう」と行動する人が多いのではないでしょうか？

目先のことしか考えていないから

現在は、多くの人が忙しく、目先のことをこなすのに精一杯になりがちです。なかなか先のことを見据えて、計画を立てることができません。何か問題が起きても、じっくり考えることはせず、とりあえず、すぐにできる応急処置をしてしまいます。

それでなくても、先のことを考えるのは人間には難しいものです。自分ごととして想像しにくいですからね。私たちは、気持ちの余裕がなく、短絡的に、周囲のできごとに反応しています。**皆、早く、簡単に問題を解決したいのです。こうした「今すぐ！」という結果を急ぐ気持ちが、買い物を増やしています。**

どんどん物を買ってしまえば、貯金する額が残らないのは当たり前。貯金できなければ、この先、子供が進学するときや老後を迎えるとき、資金が足りずに苦労します。

人生を俯瞰して見れば、こうなることはすぐわかります。ですが、心の奥底では気になっていても、あえて先のことは考えず、今すぐお手軽に手に入れられる「ハッピーな気持ち」「すっきり感」を求める短絡的な生き方を選ぶ人が多いのです。

自分が大事にしたいものや、人生の目標があいまいだと、5年後、10年後、20年後の生活について考えず、とりあえず、「今日、楽しければいい」「イヤな気分にならなければいい」と思うものです。

なんでも安く買えるから

私が若かった頃に比べると、あらゆる消費財が安くなりました。ファストファッションが登場してから、衣類はとても安い値段で買えるようになったし、100円均一ショップではあらゆる雑貨が、100円、200円、300円といった値段で買えます。

100円均一とうたっていなくても、安いものを売っている雑貨屋もありますね。

カナダにもダラーショップという100円均一ショップにあたるものがありますが、そこにあるのは、すぐに壊れそうな物や、見た目があまりよくない、いかにも100

円の物です。

まあ、もう何年もダラーショップに行っていないので、最近のことは知りませんが。それに比べると、日本の100円均一ショップの商品はクオリティが高く、種類も豊富です。売り場で見ていて「楽しい」と感じます（買いませんが）。

このように日本では、安くて質もそこそこ、見た目もかわいい物があふれているので、さほどお金に余裕がない人でも、あれやこれやと買い物できるのです。

「便利」が好きだから

先にも書いたように、現代人は、「簡単ですぐにできること」が大好きです。そのため、便利グッズやアイデアグッズに飛びつく傾向があります。

アイデアグッズは、これまではなかった商品なので、目新しさや話題性もあって、買い物ごころをそそります。

たいていの人は、必要な物はもう一通り持っています。そこで、売り手側は、特殊な需要を満たすニッチな商品をたくさん作っています。

ニッチな商品とは、市場の中の、ごく一部を構成する特定の需要や客層のニーズに応える品物です。細部にこだわった商品を作ることが得意な日本企業は、ありとあらゆる便利そうな商品を日夜、開発、製造、販売しています。

エッグタイマーひとつ取ってもいろいろあります。大手100円均一ショップでは、半生、半熟、固茹でに卵を茹で分けられるエッグタイマーを販売しています。アマゾンにも類似品がありますね。タイマーを卵と一緒にお湯に入れると、外側から変色していき、どこまで色が変わったかで、半熟や、固茹でになったとわかる商品です。

一見、便利な商品ですが、タイマーの変色具合いをチェックするため、ずっとお鍋の中を見ていなければなりません。それならば、最初から鍋に入れる水の量と卵の個数を一定にして、普通のタイマーで時間をはかって調理したほうが簡単です。何度かやれば、何分茹でれば半熟になるか、固茹でになるか、見当がつくようになりますから。

新しい物好きや便利さを求めている人は、こうしたグッズを買うことに飽きることがありません。「ちょっと変わった物を買ったよ」とソーシャルメディアやブログで自慢もできます。

簡単に買い物ができるせいで、買い物が増えている面もあります。

別に繁華街に行かなくても、一歩街に出れば、コンビニはそこら中にあるし、100円均一ショップや大型スーパーもたくさんあるので、何かを買いたい人には、日本はとても便利な国です。きれいな店内には素敵な物が並んでおり、店員さんは親切です。

コロナ禍のせいで、ネット通販も、今まで以上に身近になりました。家から一歩も出なくても、好きな物をいつでも注文でき、早ければ当日、遅くとも数日のうちに届くのです。

大手の通販サイトでは、サイズが合わなければ返品できる、家で試着するシステムも導入しています。店がたくさんあり、購入手続きはどこまでも簡単なので、ひまを持て余している人は、何時間でもネットショップを見て、買い物し放題です。

教わってこなかったから

小中学校で、計算の仕方は習っても、お金の管理の方法は教えてもらわないですよね？　最近は、子供向けの投資の講座もあるようですが、投資は、お金を増やす方法なので、増やす前に、まず基本的な管理方法を学ぶべきです。

親もあまり子供にお金の扱い方を教えません。「お金を大事にしなさい」「無駄遣いしちゃだめだよ」「貯金しなさい」と言うことはあるでしょう。**しかし、お金は使ってこそ、価値が生じるものです。「極力使わないで、すべて貯金する」というのは適切な管理方法ではないし、そもそも、全額貯金していたら生活ができません。**

お金を大事にすることが具体的にはどうすることなのか教えてもらえないので、子供は親のお金の使い方を見て、お金について親がどんなことを話しているのか聞き、使い方を身につけていきます。親のほうも、お金をうまく管理できず、衝動買いが多いので、子供はそのまま真似して、まずい買い物習慣を得てしまうのです。

買い物をしてしまう最大の理由は、心理的なニーズを満たすためです。典型的なのは、ストレス解消のための買い物。心理的な必要性にはいろいろな種類があり、これを知っているのと知らないのとでは買い方が大きく変わるので、次の項目で詳しく説明します。

3

買うことの裏側には「心理的ニーズ」がある

気持ちの問題を解決するために、私たちは、よく買い物をします。心の中にある空白を埋めたいのです。

心理的なニーズの例をいくつか紹介します。

受け入れてもらいたい

皆と同じ物を持ちたい、皆と同じことをしたいと思って、周囲の人が持っている物を自分も買います。同じ物を同じように買って、「私は、皆さんの仲間ですよ」と知らせるのです。

人間は一人では生きられないので、自分が所属するコミュニティに受け入れてもらうことは最重要事項です。自信がなく、自分なりの考え方が確立されていないと、受け入れてもらうための買い物が増えます。

ピアプレッシャーのせいで、買ってしまうこともあります。ピアプレッシャーは、学校や会社で一緒に生活している人から受ける、目に見えない期待や圧力のことで、同調圧力とも呼ばれます。

「皆が残業しているから、別に仕事はないのに、自分も残業する」というのは、よくあるピアプレッシャーによる行動ですが、買い物でも同様のことが起きます。

複数の友人と買い物に行き、本当はほしくないのに、「筆子もこれ買いなよ。おそろいで持とうよ」と言われると、その場を丸くおさめるために、いらなくても買うのです。

ちょっとほかの人と差をつけたい

私たちは、皆と足並みを揃えたいという気持ちを持ちながら、「でも、人と同じじゃイヤだ。ちょっと差をつけたい」とも思っています。人よりちょっと目立つことをすると、「すごい人だ」と皆の注目を浴びることができて嬉しいからです。

そこで、最新のガジェットや、トレンドの服を真っ先に買って、目立とうとします。

この場合、その商品がほしいというよりも、誰よりも早く買うことが重要です。

洋服もガジェットも、どんどん新しいものが出るので、前のものがまだ充分使えるのに買い替える、というショッピングが増えます。

「人より目立ちたい」という気持ちは、見栄を張るためだけの買い物も増やします。

今はインスタグラムなどのソーシャルメディアを利用している人が多いので、人に受けること、「いいね！」をたくさんもらうこと、フォロワーが増えることを目的とした、「自分の私生活をより素敵に見せるための買い物」をする人もいます。

誰だって貧乏くさい部屋より、素敵な部屋を見せたいでしょうから、はっきり自覚していなくても、ソーシャルメディアで受けそうな生活をするために物を買い集めることは、普通にあり得ると思います。

あまり自信がなく、自分のことがきらいだと、物で武装して、実際以上によく見せたいと思いがちです。

ネガティブな感情をどうにかしたい

ちょっとしたネガティブな感情を癒やしたいとき、買い物は格好のアクティビティです。英語には、買い物をして気分を癒やすことを意味する、リテールセラピー（retail therapy）という言葉があります。リテールは「小売り」という意味です。こんな言葉があるほど、買い物は現代の先進国で、多くの人の癒やしになっています。

脳は、新しい物を手に入れることが好きなので、買い物をするとドーパミンなどの快の気持ちを生じさせる神経物質が出ます。

だから、買い物は楽しく、一番お手軽なレジャーであり、エンターテイメントです。

しかも、24ページで書いたように、買い物のハードルが低いので、「ひまだ」「手持ち無沙汰だ」「一人ぼっちで寂しい」「なんだかイライラする」「おもしろくない」「つらい」「不安だ」「むしゃくしゃする」といったマイナスの感情が湧くたびに、気分を上げ、ストレスを解消するために買い物します。

「頑張った自分へのごほうび」という言葉がよく広告に使われますが、これも結局は、リテールセラピーのひとつだと思います。

仕事や勉強はつらい面もありますが、そこに喜びを見出すこともできます。それが喜びなら、つらいことも、ある程度我慢できるでしょう。「すべてがつらい」というネガティブな感情でいっぱいの人は、「自分へのごほうび」を頻繁に購入して、泣きたい気持ちになるたびに、気持ちを立て直しながら生活しています。

その結果、家の中に買ったものがどんどん増え、倉庫のようになります。

損をしたくない

人は、何かを手に入れる喜びより、失う痛みのほうを強く感じるため、損をすることに敏感で、できるだけ損をしないように暮らしています。

こうした脳の傾向も、買い物を増やします。

セールで買うことが好きな人は、それがほしいから買うのではなく、「今、買わないと損だ」という気持ちが強いから手を出します。それは単に、損することを恐れているだけなのです。

冷静に考えると、どんなに安くても、いらない物を買ってしまったら、支払ったお金の分は損をします。しかし、「昨日まで5000円だったものが、今日は3800円です」と言われたら、値下がりした1200円のほうに意識が向いて、無駄に支払う3800円のことは、まったく考えません。

売り手側は、私たちが損をすることをきらいだとよく知っていますから、いつも何かしらセールがおこなわれています。セール期間でなくても、タイムセールをし、大幅に値下げした目玉商品を店の目立つところにディスプレイします。

私たちは、セール品を見て、「お得だ！」と直感的に感じ、「このお得な買い物を逃すなんて大損なことはできない」と思うわけです。

現実逃避したい

パート2のマネーシェイムの項目で詳しく解説しますが、買い物が何かの逃避行動になっていることがあります。するべきことや考えるべきことを、やらずにすませたいとき、買い物に時間を使っていれば、しなくてすみます。買い物は、時間と手間がかかる行為ですから。

これは、試験の前になると、急に部屋の掃除をしたくなるのと同じ心理です。

家庭に関するさまざまな問題を考えたくない父親が、持てる時間とエネルギーをすべて仕事に注ぎ込むのも、向き合うべきことから逃げるためです。

買い物に逃げているときは、たいてい無意識です。私も以前、一番向き合わなければならないことに向き合いたくなかったとき、プチプラの衣類を扱っているネットショップや、プチプラ情報を教えてくれるブログを、毎日長々と見ていた時期があります。

そして、時々購入していました。**そうやって買った「安くてお得な衣類」の中には、多少は活用できたものもありますが、ほとんどは死蔵品となり、数年後に捨てました。**

どうしても必要だから買ったのではなく、気持ちをまぎらわせるために買い物していたのだから、死蔵品になるのも当然です。

万能感を持ちたい

買い物をしているとき、人は自分にはパワーがあると感じます。自分のお金で好きな物を買うことは、自分が状況をコントロールしている感覚をもたらします。

この点、買い物は、車の運転と似ています。車を運転しているとき、普段と性格が変わって、あおり運転をしたり、追い越しをした車や、のろのろ走っている車（と自分には思える）に対して、口汚くののしったりする人がいます。

車の運転は、方向にしても、スピードにしても、基本、自分の思い通りにできるので、万能感をもたらすため、「周囲の人より、自分は偉い」と思うのです。

買い物も、自分が好きな物を好きなだけ買う行為ですから、やはり万能感をもたらします。何かを買えば、店員は、まるで召使いのように、かしずいてくれますし。

特に、普段自分に自信がなく、卑屈になりがちな人ほど、買い物で自分のパワーを確認しようとします。

もともと人間は、物事を自分の思い通りにしたいと思っているうえに、現代社会は、何かと窮屈なので、買い物によって自己のパワーを発揮したい人はたくさんいます。

新型コロナウイルスの感染防止のため、外出制限がかかる直前に、人々がトイレットペーパーを買い占めたのも、状況をコントロールしたいという気持ちのあらわれです。外出はできなくても、買い物なら自由にできます。

買い物は「私は状況をコントロールしている」と感じられる行動なので、どんどん買い占めますが、実は、逆に状況に振り回されているのは皮肉なことです。

4

私も昔は買いすぎていた——筆子の場合

ここまで偉そうに、皆が買い物ばかりしている理由を書いてきましたが、かつての私も、必要ではない物をたくさん買っていました。

20～30代前半は、服や雑貨、本をせっせと買っていたので、物だらけの部屋で暮らしていました。あるとき、とうとう物の多さに耐えられなくなったのが、部屋を片付け、その後シンプルライフに切り替えたそもそものきっかけです。

給料の大半を買い物に使っていたので、貯金ができず、今思うと、かなり愚かなことをしていました。

一時的な幸せに酔っていた

当時、私がどんどん買ってしまったのはこんな理由からです。

理由❶　ひまで退屈だった

最大の理由は、退屈だったことです。ほかにやりたいこともなかったから、買い物に時間を費やしていました。職場では忙しく働いていましたが、いったん会社を出れば自分の時間なので、会社の帰り道にファッションビルに寄って、雑貨や服を見ながら時間をつぶしていました。

今でも覚えていますが、名古屋パルコで、閉店の時間が来るまで、本屋でずるずると立ち読みしたり、レコードを見たり、雑貨を見たりしていたことがあります。

仕事が忙しかったので、そのストレスもありました。

疲れているのだから、さっさと帰って休息すればいいものを、ウィンドウショッピングをしだすと止まらないことがありました。**「早く帰らなければ」と思いながら商品を見ていたので、本当に楽しかったとも言えません。**

名古屋駅そばのビルにあったキディランドにもよく行きました。かわいいキャラクター雑貨やファンシー雑貨と呼ばれる小物を売っていた店です。かわいくてカラフルな商品をひとつひとつ、じっくり見ていました。

ちょっと「いいな」と思う物を買っては家に持ち帰りました。ノートやボールペン、ランチナプキンなど、ひとつひとつはさほど高くなく買いやすい値段です。今は、キャラクター雑貨は割高だと思っていますが、当時は、給料の大半は自分の小遣いだったから、気にせず買っていました。

独身で、母親と一緒に暮らしていたので、家事も子育てもしておらず、会社で働いていない自分の時間は、すべて自分のために使うことができていた……ということがわかったのは、後に主婦になり、子供を産んでからです。

理由❷ 無力感を解消したい

会社や家で自分の思い通りにいかないことがあると、買い物をして、うさを晴らしていました。ストレス解消です。

世の中、なかなか思い通りにいきませんが、店に行けば、自分がほしいと思うものを（値段の制限はあるけれど）自由に買えます。

先ほど、買い物は人に万能感をもたらす行為だと書きましたが、私も束の間の万能

感を抱いて、「自分は無力じゃない」と思いたかったのです。

実は売り手側やメディアにいいように買わされたのではないかと考えるようになったのは、ずっとあとのことです。

「実家にいて、生活の心配がなかったから、そういう買い物ができたのだ。別に私は万能ではなかった」と気付いたのも、かなり時間が経ってからでした。

理由❸ 今の自分を変えたい

私は、「今の生活はなんかイヤだ。このまま会社に勤めても、出世もないし、年を取るだけ。ボロ雑巾のように使われて捨てられるだけだ」と思っていました。

現状に不満で、勝手に社会に幻滅しており、一言で言えば不幸だったのです。

そこで、買い物によって、手っ取り早く幸せになる道を選んでいました。

自分には欠落したものがあり、買い物をすれば、それが埋められる。もっと楽しくなるし、もっといい生活になる。つまり幸せになると思っていたのです。

当時は、こんなふうに言語化はできていませんでしたが、無意識のうちに、「買い物をすれば、よりよい生活になるんだ。ハッピーになれるんだ」という気持ちがあったのです。「買い物をして、今とは違う自分になりたい」と思っていました。

あとになってよくわかりましたが、物を買っただけでは、自分は変わりません。財布の中のお金が減って、部屋にガラクタがたまるだけです。すでに物をたくさん持っていた私は、買っただけで安心して、引き出しの中や収納ケースの中に、物をしまいこむことが多く、どれもまともに使わなかったのは、本当にもったいないことでした。

理由❹　わくわく感がやみつきになっていた

買い物をすると確かにハッピーな気分になります。というのも、ショッピングは新しい物を手に入れる行為なので、脳の中で、報酬系の物質であるドーパミンが分泌されるからです。

ドーパミンは脳内の神経伝達物質で、人に喜びの気持ち（快感、満足感）をもたらします。これがあるから、人はやる気が出て、いろいろな行動ができます。

脳が「よし、これはいいことですよ。またやりなさい。どんどんやりなさい」と判断したとき、ドーパミンが出て、幸せな気分になります。

人間の脳は、自分を守り、種を保存すること、つまりサバイバルを第一の目的にして、進化してきました。昨日まではなかった場所に、珍しい木の実がなっていたり、見たこともない動物を発見したりすると、脳は「これは、食べられるんじゃないか？」という期待感をもたらし、「手に入れなさい」と命令します。赤ちゃんも、目新しいことに興味を持ちます。

まだ持っていない、新しい何かを手に入れることは、脳が大好きな行為なのです。最新の流行の服、初めて見るガジェット、これまでなかった未知の商品、友だちはまだ誰も持っていない商品、新しいラインのコスメ、まだ食べたことのないもの、自分の知らない地域の名産品、外国にしかないものなど、目新しいものに対して、脳が「いいね！」と反応します。

実際は、買い物をしているときよりも、買う前の「これから何か新しいものを手に入れるんだ」と思っているときのほうが、ドーパミンがたくさん分泌されます。ドーパミンは期待感に対して分泌されるのです。

だから、いったん買ってしまうと、幸福感がみるみるしぼみ、また別の買い物をして、ハッピーになりたいと思います。

そうやって私は、「買う前のわくわく感を味わいたい→買う→興味がなくなる→またわくわくしたい→買う→興味がなくなる」という行動を繰り返していました。

無料プレゼントが大好きだった

私は、無料プレゼントや値下がりしている商品に弱い、お得大好き人間でした。セール、福袋、ただのおまけ、フリーサンプル、付録が好きだと、物はどんどん増えます。

必要だから買ったり、もらったりするわけではなく、「無料だから、得した!」と喜びたいがために、物を手に入れるのです。

こういう生活をしているとガラクタが増える一方ですが、私は、この生活からなかなか抜けられませんでした。

無料の物をもらうと、「わ～い、得しちゃった！」と嬉しい気持ちになりますが、このときも、脳内でドーパミンが出ているはずです。

人間は、基本的に自分のエネルギーやリソース（手持ちのもの）を温存したいと思っているので、お金を出さず、特に労力を払わずに何かをもらうことは、好ましいと思っています。

太古の時代は、食べ物も着る物も、あまりありませんでしたから、そんなに働かずとも、何かを手に入れられることは、脳は大歓迎だったはずです。

何かをもらうと、脳は報酬系の物質を出し、本人に、「よくやった。またやってね」と伝えるので、人は何度も同じことをします。

今は原始時代ではないですし、すでに私の部屋には物はたっぷりあったのに、私は、何度も何度も無料のおまけをもらい、セール品を見つけては買っていました。

何度も繰り返していると、その行動は次第に強化され、ほどなく、自動的な行動になります。つまり習慣になるわけですが、いったん習慣になると、その後は、特に何も考えず、自分の行動を振り返ることもせず、「お得な買い物」を続けます。

私は、この期間がすごく長く、働き始めた20歳から40代半ばくらいまで、無料で何かをもらうことが好きだったせいで、人生の2／3以上を棒に振りました。

無料でもらえる物に、私はそこまで高い期待はしていませんでした。これは誰しもそうでしょう。「これ、無料なので、よかったらお持ちください」と差し出されれば、「あ、タダなのね（^^）もらっとこう」と思って、持ち帰ります。

家に帰って、それを使ってみた結果がよくなくても、「無料だから、仕方ないよね」と思うし、逆に、すごく結果がよかったら、「無料なのにすごい。本当に得しちゃった」と大喜びします。

おまけをくれるほうは、タダでもらえる物に対する人々の期待感が低いことを、よく知っているので、おまけグッズにはそこまで予算をかけず、おまけなりの物を提供します。

そうしたおまけを持ち帰って、私は、「使えないな」と思ったときは、「無料だからこんなもんか」と納得し、「もしかしたら、こんなふうにすれば使えるかも」と、使い方や使い道をいろいろ考えることに時間とエネルギーを使っていました。

たとえ無料でもらった物でも、最大限に活用したいという欲があったのです。

シンプルライフに切り替えてからわかりました。**私は、本質的なガラクタをなんとか活用しようと、自分の労力や時間を無駄にし、結局ゴミを増やして、環境に負荷をかけていたということを。**

先にも書いたように、私は、「タダでもらう快感や刺激」や「得しちゃったと思うこと」だけを求めていたので、もらったり、買ったりした時点で満足し、それらを実際に使うということはあまりありませんでした。

まあ、使う必要はなかったのです。すでに必要な分は充分持っていたのですから。

これは、福袋を買うときも同じでした。「定価1万8000円分の物が入っているのに、たった3600円なんて、とってもお得だ」と思い、いそいそと買って、中に使えない物や好みではない物が入っていても、「これとこれはかわいいし、何かに使える」と満足し、そのままタンスや押入れにしまったのです。

5

まとめ買いって、本当にお得!?

まとめ買いは、同じものを一度にたくさん買って、単価を下げる買い方です。お得だからと、食料品や日用品をいつも大量に買ってストックしている人も多いでしょう。

しかし、まとめ買いは必ずしも、お得ではありません。

コカ・コーラのまとめ買いを考えてみましょう。コカ・コーラの缶を自販機で買うと1缶120円です（10年くらい前、娘と里帰りしたときはそうでした）。

一方、ネットショップで、24缶入りを2ケース（つまり48缶）、3120円で買ったとしましょう。すると、1缶あたり65円になります。これは、自販機で買うコーラの価格の54％なので、一見、大変お得です。

コーラを月に12缶飲んでいるなら（週に3缶）、年間にして7920円、安くあがります。1缶の単価を比べれば、単品より、まとめ買いのほうが安いのは事実です。あくまで、1缶の単価を比べれば、です。

しかし、まとめ買いにはこんな問題があります。

買った瞬間に出ていくお金は単品買いより多い

確かに、コーラを自販機で買うのは割高です。私ならもう少し歩いて、コンビニに行って１００円で買います。私の娘は、里帰りしたとき散歩に行くと、コーラばかり飲みたがったので、実際、できるときは、コンビニまで娘を引っ張って行きました。

まとめ買いなら、コンビニに行く必要はないし、インターネットで買えば、重い荷物を玄関まで運んでくれるから、お金も時間も買い物の手間も省けます。

ですが、ちょっと待ってください。自販機でコーラを飲むために出す１２０円と、２ケース買う３１２０円を比べたら、３１２０円のほうが26倍も多いです。

まとめて買うと、そのとき出ていくお金は単品買いより多いのです。しごく当たり前のことを書いていますが、よくあることです。たまたま店頭やネットショップで見つけたケースを買うのなら、いきなり３０００円の衝動買いをすることになります。

予算を無視すれば、どこかで補填するか貯金額を減らすかしなければなりません。

どんどん消費が増える

家にストックがたくさんあると、どんどん消費します。「まだまだたっぷりあるから大丈夫」と気が大きくなってしまうのです。たくさん買いすぎて、早く消費しないと賞味期限や使用期限が来てしまう、という場合もあります。

特に飲食物はそうなりがちです。コーラ、ビール、ジュース、ペットボトルの水。冷蔵庫にたくさん冷やしておくと、暑い日は飲みすぎるもの。

コーラを1缶65円で買っても、3缶飲んだら195円です。自販機で1缶買っただけなら1缶飲んで終わりなので、120円の出費でおさまります。またのどが乾いたら、水道の水や麦茶を飲んで終わりです。

スーパーの棚に食品があまり残っていないと、どちらかというと買う気が失せると思います（パンデミック前に、人々が買い占めているときは別です）。スーパーでは食品ロスが多いのですが、通常、たっぷりと食品を並べて、景気のいい雰囲気を出すためです。そのほうが、お客さんは買う気になります。

食べ物以外でも、家にたっぷりあると無駄遣いしがちではないでしょうか？　人間は失うことがきらいなので、在庫が少ししかなかったら、なくならないように気を付けて少しずつ使います。一方、たっぷりあるときは、気兼ねなくどんどん消費します。

せっかく、まとめ買いをして単価を下げても、食べすぎや使いすぎをすれば、何も得していないのです。

いらない物にまでお金を払う

まとめ買いすると、気付かないうちに不要な物にお金を支払ってしまいます。

カナダの衣料品店では、「2つ買うとひとつは半額」というプロモーションをよくしています。日本でも同様の売り方があるでしょう。2つとも必要なら問題ありませんが、必要なのはひとつだけだった場合、2つ買うと、支払ったお金の50％を、いらない物に支払うことになります。

まとめ買いは、この「2つ買うと、ひとつは半額」という売り方の拡大版です。

別の例を挙げましょう。普段使っているボディシャンプーのラージサイズのボトルをドラッグストアの棚で見つけたとします。今、必要なのは3ヶ月分ほどなのに、「大きなボトルで1回あたりの使用量が安くなる」と考えて、普段使っているシャンプーの6倍の量のシャンプーを買ってしまったらどうなるか？

たくさんあるのでどんどんプッシュして使いすぎてしまうか、2年経っても使い切れずにうんざりするのではないでしょうか？

途中で飽きて、別の機会に店で目についた新商品を買ってしまうかもしれません。

すると、お風呂場には使いかけのボディシャンプーの巨大ボトルが残ります。

単価を抑えるために大きなボトルを買ったのに、別のシャンプーを買ってしまえば、当然のことながら余計な出費です。

生活の変化に対応できない

まとめ買いのもうひとつの問題は、新しい生活環境に対応しにくくしてしまうことです。まとめ買いの商品には、「超お得」「出血大サービス」「ありえない値段」といった売り文句が添えられています。こうした文字を見ると、人は冷静な判断ができなくなり、1年も2年も持ちそうなほど大量のティッシュペーパー、ジュース、パンティストッキング、調味料などを買ってしまいます。

大量買いをすることは、1〜2年に渡って、その商品を消費しなければならない義務を自分に課すことです。 1〜2年の間には、いろいろなことが起きます。嗜好や生活環境が変わることもあります。

ですが、まとめ買いした商品が大量にあると、新しい環境に柔軟に対応できません。多くのストックがガラクタ化してしまうのは、まとめ買いしたあと、微妙に生活が変わるからではないでしょうか？

そもそも、自分が普段使っているシャンプーがどのくらいもつのか、正確に把握している人はそんなに多くありません。日用品のストックを持ちすぎているため、「あ、もうすぐなくなる。買ってこなければ」と思う機会がないからです。

スペースを取られる

必要な分以上に、余計なものをたくさん買うと、当然スペースを取られます。食品のまとめ買いが好きな人は、冷蔵庫も大型のものを持ちたいと思うでしょう。

冷蔵庫は物を冷やして保存期間を延ばすための家電ですが、食品をたくさん買えば、冷蔵庫を物を収納する物、つまり倉庫代わりに使うことになります。電気代のかかるストレージです。

日本でも最近は、冷蔵庫を2台持ちする人がいます。1台は食品用、もう1台は飲み物用と使い分けたり、1台はキッチンに置き、もう1台は2階に置きたいと思ったり。「2階から冷蔵庫のある階下のキッチンに行くのが面倒だ」と感じるほど大きな家に住んでいるのなら、家そのものが無駄に物を増やしてしまう危険な物件かもしれません。

頻繁にまとめ買いをしていると、ストックを置く場所が必要なので、「我が家は狭い」「もっと収納スペースのある家に住みたい」と考えるようになります。

しかし、収納スペースが必要になるのは、今、必要なもの以上を家に持ち込むからです。大きな家に引っ越せば、今度は家賃（住宅ローン）や光熱費が余計にかかります。

支出を減らすためにまとめ買いをしたつもりが、トータルで生活費を見ると、出費が増えています。あとで余剰ストックを処分する手間やストレスというおまけつきです。

6

お金が出ていくのは1回だけではない

物を買うとき、お金を支払いますが、もしそれが余計な物だったら、その後もコストがかかります。金銭的にも感情的にもさまざまな代償がついてまわるのです。

維持する費用

物を所有すると、それを使い続け、持ち続けるために、さらにお金がかかることがあります。掃除機を買ったら延長コードが必要になったとか、電子書籍リーダー（Kindleなど）を買ったらケースが必要になったとか。

買った物に合わせて別の物を買いたくなることもあります。黒いコートを新調して着てみたら「なんだか顔が暗く見えるなあ」と思っていたところ、雑誌で黒いコートに赤いバッグを合わせている写真を見て、赤いバッグがほしくなり、買ってしまうように。

物が増えれば、収納スペースが必要になります。収納グッズや収納家具がいると感じるかもしれません。「手狭になってきた。もっと大きな家に引っ越そう」と考える人もいるでしょう。物をしまうスペース代（家賃、住宅ローン、光熱費）も支払っています。

学生のときは4畳半一間に下宿していたのに、結婚したらもう少し大きい公団住宅、子供が産まれたら一軒家。こんなふうに人は年齢を重ねるにつれ、広くて大きな家にアップグレードしていきます。

このとき、確かに家族は増えていますが、人の数よりも物の数の増殖のスピードが早いため、もっと大きなスペースが必要だと思うのです。こうして、物を収納するために住宅費を払う生活がどこまでも続きます。

最近は貸倉庫などのレンタルスペースを借りるのにお金を払うケースも増えてきました。収納技術にお金を払うこともあります。増えすぎた物をなんとか片付けたい人がたくさんいる現代は、収納産業の市場が拡大しています。「捨てる」「収納する」「片付ける」「整理整頓する」ことがテーマの本は膨大にあります。しかも、よく売れます。

本だけではなく、片付けコンサルタント、整理収納アドバイザーなど、片付けることを教える仕事が生まれ、片付け方を教えるセミナーも人気です。物を持ちすぎた現代人は、始末に困って、本やセミナー、サービスにお金を使います。

回収・廃棄にかかる費用

物を手に入れて、収納やメンテナンスにお金を出しながら使って、それがお役御免になったら、廃棄しなければなりません。**物がたくさんあればあるほど、捨てる物も増えます。そして捨てるときにお金が必要です。**

粗大ごみを処理するとき、自治体のサービスは安いですが、それは税金を払っているからです。民間のリサイクル業者や回収業者を使うともっとお金が必要です。自分にとっては価値がなくなった物を捨てたいだけなのに。

買ったお店に持ち込んでも処分料金が必要ですね。あるいは、下取りしてもらって、また新品を（お金を出して）購入します。

継続的なゴミ処理にかかる費用

粗大ゴミでないものは、ゴミ収集日に出して、回収・廃棄してもらいます。

ゴミの回収とその処理は無料に思えるかもしれませんが、もちろん税金で賄われているので、ここでもお金を使っています。

東京に住む友だちの家に遊びに行ったとき、ゴミの分別の話になりました。名古屋はすごくゴミの分別が複雑だと話したら、東京の友だちは、「このあたりの焼却炉は焼却する温度が高いから、分別は複雑ではない。楽ちんよ」と言いました。楽ちんかもしれませんが、そのパワフルな焼却炉を稼働するのに、お金がかかるのです。そのお金を私たちは払っています。

行動が縛られる

所有品が足かせになって、行動が制限されるときもあります。旅行や引っ越しがしにくくなるのです。

私の母は、「1週間以上家を空けたくない」と言います。近所に弟一家が住んでいるので、郵便はポストから取ってもらえるし、庭の植木の水やりの心配もありません。それでも母は空き巣が心配らしいのです。物をたくさん持っていると、どうしても、

「失いたくない」という気持ちになり、持っている物に執着します。その気持ちが本人の行動を制限したり、余計な行動を促したりします。

私は自分が持っている物の中で、本当に大事な物、なくしたくない物（パスポートなど）は小さな袋に入れており、全部持って歩けます。いつも話しかけている大事なぬいぐるみも小ぶりなので、旅行するときはリュックに突っ込んでいます。

それ以外の物が、泥棒に取られるか、火事で全部燃えてしまっても、多分そんなに打撃は受けません。もちろん燃えてほしくはありませんが、最初のショックが癒えたら、「まあいいか」と諦めると思います。

罪悪感や劣等感につながる

余計な物に精神的なコストを支払うこともあります。罪悪感や劣等感です。

昔の私は、シールなどの雑貨を、「使うのはもったいない」と、ものすごくため込んでいました。本も、積《つ》ん読《どく》が多く、「まだ読んでいない本」や「まだ勉強していない問題集」を見ては、「いつか読まなくちゃ。ちゃんと活用しなくちゃ」と思っていました。

買ったけれど使っていない物が目に入るたびに、「ああ、まだやってない。もったいない」という気持ちになりました。これは決して、ポジティブな感情ではありません。何かに追い立てられているような気分です。

さらに、「使いもしないのに、またこんなに無駄なもの買っちゃって」「また浪費してしまった」と自責の念にかられていました。「いつか、そのうち時間ができたときに使おう」と思っていましたが、あるとき、「今、これを使うのに時間を使う気がないなら、これから何年待っても同じことだ」と気付きました。

「未使用品」を娘に消費してもらったり、寄付センターに持ち込んだりしたら、とても心が軽くなりました。長年の重荷から解放されたからです。

軽い気持ちで不用品をたくさん買ってしまうと、あとでよくない影響があります。

では、こうしたまずい買い物をやめるためにはどうしたらいいのでしょうか？

お金に対する考え方を変えてみると、買い方が変わるのではないでしょうか？

Part 2

お金より
大事なものを知る

1

お金以外のリソースがある

「物をたくさん持っているほうが幸せ」という考え方は、「お金をたくさん稼いで、いろいろな物やサービスをたくさん消費するほうが幸せ」という価値観につながります。

この世で一番大事なものは、命や健康を別にすれば、お金だと思いがちですが、実は、私たちは、お金以外にもリソース（資源）を持っています。リソースは、私たちが、目的（生きること、生活すること、特定のゴールにたどりつくこと）を達成するために使うことができるすべてのものです。

お金以外のリソースにも目を向けて、大事にすれば、買い物ばかりして結果的に消耗する生活から抜け出せます。さらに、お金の節約を最優先したせいで、ほかの大事なリソースを無駄に使ってしまうことも防げます。

一番わかりやすいリソースは、「人・物・お金」ですが、ほかに、時間・心のエネルギー・ノウハウ（知識、情報）といったリソースもあります。

具体的にどんなリソースがあるのか見ていきましょう。

自分で野菜作りをする場合

野菜を自分で栽培すると、店で買ってくるより、ずっとおいしく感じます。それは、自分の持てるリソースを注いで作ったものだからです。

たとえば、こんなリソースを使って野菜を作っています。

時間・労力・体力・手間・ノウハウ（本を見て学んだり、人から教えてもらって身につけたりした野菜の作り方のスキルや知識）、お金（家庭菜園の場所を借りるのに使ったお金、種や道具を買うのに使ったお金）、実際に野菜を栽培している場所。

野菜を作るのに必要な、太陽・大気・水などは、自然が提供してくれるので自分のリソースではないと思うかもしれませんが、こうしたものを使える環境にいることも、リソースのひとつだと思います。世の中には、水道のない家に住んでいる子供もいますから。

野菜を作る場所を遠方に借りていたら、そこへ行くために、週末、時間をやりくりしたり、早起きして途中で車にガソリンを入れたりする準備が必要です。そんなとき、時間・意識（こころのエネルギー）・お金を使っていますが、これらもリソースです。「菜園で作業している間は子供の面倒を見られないから、その間、夫に世話を頼んでいた」ということなら、夫は人的リソースですし、そうした人間関係もリソースのひとつです。野菜を作るときに使う道具や身につける服は、物質的リソースです。

歌手になりたい場合

地方に住んでいる20歳の女性が、歌手になる夢を叶えようとするとき、どんなリソースがあるでしょうか？　考えられるものを挙げていくと、

- ◆時間（芸能人になるための行動に費やすことができる時間）
- ◆資金（東京に行ってオーディションやコンテストに出るための交通費、衣装を買うお金、ご飯を食べるお金 etc.）
- ◆健康／体力／若さ／容姿（かわいいとか、愛嬌があるとか）

◆女性であること／歌唱力／リズム感／行動力／「歌手になりたい」という情熱と意欲
◆YouTubeにチャンネルを持っていること／作詞作曲も少しできること
◆会話のセンス／地道に頑張れる性格／学校や親から受けた教育／常識的な判断力／自己管理能力
◆応援してくれる親／相談に乗ってくれる友人／東京で泊めてくれるおばさん
◆すでに持っているいろいろな物（スマホ、パソコン、詩を書きとめるノートとペン、服、靴、バッグ、旅行かばん etc.）

過去に、オーディションやのど自慢に出た経験があれば、それもリソースのひとつです。芸能事務所と契約できたら、その事務所やマネージャーもリソースとなります。

自分のリソース、気付いていますか？

大人なら、すでに生きるためのリソースはたくさん持っています。しかし、リソースに恵まれていることになかなか気付きません。

持っているのが当たり前だと思いがちだし、足りないマインド（足りていないもの、できていないことに目を向ける傾向）でいることが多いからです。

「お金が足りない」という不安が強すぎると、安物を大量買いします。

食器や服がたくさんありすぎて把握できていないと、持っていることを忘れ、「使える物はない」と勘違いし、新たな物を導入します。新たに買ってきた服や食器も、リソースと言えばリソースですが、ストックが多すぎると、パート1のまとめ買いのところで紹介したように、有効なリソースとして活用することができません。

何かを買うときインターネットで最安値の店を探すのは、お金をケチるあまりに、時間というリソースを無駄にする行為です。新聞のチラシを見て、100円や200円の違いにこだわり、少しでも安い店を探すのも、時間を無駄にすることにつながります。なぜなら、新聞を取るのをやめてしまえば、200円くらいすぐに回収できるからです。

オンラインショップで送料無料にするために、何を買おうか考え、商品を探し、ちょうどいい値段になるよう計算するのも時間を失っています。しかも送料無料にするために買う商品は、今、必要なわけではないので、あとで無駄になる可能性が高いです。

このように、お金だけを大事にしようとすると、ほかのリソースを無駄遣いすることがあります。特に、時間や精神的なエネルギーを使ってしまいます。

汚部屋で、常に気持ちがざわざわして、得体のしれない罪悪感を抱いており、その不安を解消するために、また物を買う。

このような生活をしている人は、
・自分のリソースを把握していない（たくさんあることに気付いていない）
・リソースの分配がまずい（物を集めすぎて、片付けと掃除に貴重な時間を失う）
・それぞれのリソースをうまく活用できていない（死蔵品が多すぎる。自分のしたくないことに時間と体力を使う）
こんな状況にあります。

問題はリソースがないことではなく、リソースの使い方にあります。「どんなリソースも無限にある」と誤解していると、リソースをうまく使うことができません。

2

お金より大切なものは目に見えない

人生で大切なものは、目に見えないものです。

小学校の卒業文集に載っていた先生たちの贈る言葉で、今でも覚えているものがひとつだけあります。「空気や音楽など、目に見えないものを大事にしよう」。

正確な文言は忘れましたが、こんな言葉のあとに、横笛を吹いているイラストが添えられていました。

これを見たとき、「なるほどね。確かに空気や音楽は、ないと困るよね」と思いました。先生の言葉に、妙に納得したことを、今も覚えています。

言われてみると、人間関係、愛情、友情、気遣い、眼差し、想像力、ゆったりと流れる時間、楽しい時間、穏やかな気持ち、達成感、自由。皆、目に見えません。

どれも大事ですが、目に見えない分、わかりにくいし、あるのが当たり前だと思いがちです。普段忙しく暮らしていると、こうしたものの素晴らしさになかなか気付きません。代わりに、目に見えるわかりやすい物を追い求めてしまうのです。

かつて私はたくさん物を買い、部屋に置いていました。「かわいいな」「素敵だな」と思う気に入ったものをたくさん持てば幸せになれると、なんとなく思っていました。

ところが、お気に入りであるはずの物をたくさん揃えても、気持ちは満たされませんでした。私が本当に求めていたのは、物ではなく、その物を手に入れると起こりそうな生活だったからです。

物を買うことで実現したかった生活を考えてみると、その暮らしには、目に見えない、いいものがたくさんありました。温かい人間関係、楽しい時間、満ち足りた気持ち、自由な毎日。

物を買っても、そうしたものは手に入らないのに、買い続けていました。

モア・イズ・ベター？

「モア・イズ・ベター」とは「物をたくさん所有すればするほど、いい人生になる」という考え方です。物を手に入れるためにはお金が必要だから、モア・イズ・ベター精神で生きると、人生の目標はお金を稼ぐことになります。

このマインドセットを持ち、お金を稼いで、物をどんどん買っていくと、人はあることに気付きます。いくらお金や物があっても、満足できないということに。

アメリカに、年収1千万円の仕事をやめ、所持品の8割を捨ててミニマリストになったジョシュアとライアンという人がいます。

今、お金に苦労している人は、「なぜそんなに給料のいい仕事をやめてしまったの?」「ミニマリストになったり、不用品を捨てたりするのは、ぜいたくな人のやることじゃないの?」なんて思うかもしれません。

彼らはアメリカンドリームを信じ、稼いだ給料以上に物やサービス（たとえば、皆がうらやましがる豪勢な休暇など）にお金を使いすぎました。その結果、クレジットカードの借金がふくれ上がり、ストレスが増え、いつも不幸せでした。

2人は、「お金を稼いだほうが幸せになれる」と思い、それをゴールにしていたから、かえって不幸せになってしまったのです。

「お金や物が幸せの鍵ではなかった」と気付いた2人が、「お金があればあるほど幸せだ」という考え方を手放したら、前より充実感のある暮らしになりました。

「それはそうかもしれないけど、やっぱりお金は必要だ」と思う人は多いかもしれません。「お金で幸せは買えない」ということに同意しても、「でも、人生の問題の9割くらいはお金で解決できる」と信じている人が多いのではないでしょうか？

確かにお金があれば、いろいろな便宜を手に入れることができます。それは多分、快適なことでしょう。あまりにもお金がないと人間的な暮らしをするのもままなりません。しかし、モア・イズ・ベター精神のままでいると、いろいろな物をどんどん買ってしまいます。より大きな家や別荘、素敵な車、最新のガジェット。いつまで経っても終わりがありません。こんな買い物を続けながら、満たされない気持ちでいるのは、物やお金から自由になっていないからです。

人生の目的は数を集めることではありません。より充実した人生とは、できるだけ多くのお金を手にすることではなく、できるだけ多くの自由を手にすることではないでしょうか？

自由ってなんだろう？

目に見えないもののなかで、「自由」は特に人気があります。お金があれば自由を手に入れられると思いがちですが、お金や物を追い求める生活をしていると、逆に不自由になると私は考えています。

そもそも自由とは、なんでしょうか？

自由の定義は時と場合によって違うでしょうが、「自分の好きなように行動できることが自由な状態である」と言えそうです。

私たちは不自由なときのほうがずっと多いもの。

忙しくてゆっくり寝ることができない、お金がなくて好きなものを買えない、加齢のため膝が痛くて思うように身体を動かせないなど、日常生活は不自由の連続です。大金持ちで、なんでも自由にできるように見える人も同様です。この社会で生きていく限り、社会のルールに従わなければなりませんから。

宝くじに当たるか、巨額の遺産を得るか、仕事で大成功して、もう一生働かなくてよくなったとしても、外に出れば信号を守って運転し、スーパーに行けばレジの前で行列に並び（金持ちはスーパーに行かないかもしれませんが）、毎年確定申告をして、それなりの税金を払わなければなりません。

「会社に行かなくてもいいからと、昼夜逆転の生活をして、好きなものを好きなだけ食べていたら、高血圧になって医者に食事を制限される」という不自由な状況も起きるでしょう。

この世に「完全に自由な状態」はありません。自由は、片方に「不自由な状態」がないと成立しないからです。

理想は、「本当はこうだったらいいのに」と思うことや、ずっとやりたいと思っていたことのなかで、優先順位の高いことを自由にできることです。

「お金がほしい」「あんな物やこんな物がほしい」と追いかけていると、お金と物を獲得することが最優先事項になります。すると、本当にしたいことに回すリソースがなくなります。つまり、不自由な状態になってしまうのです。お金があれば自由になると思っていると、いつまでも不自由のままではないでしょうか？

3

一番大切なものは本当にお金？

「私はもっとお金がほしい。いろいろな物をたくさん持ちたい」と思っていたとしても、それは自分が本当に求めていることではないかもしれません。

先ほども書いたように、貯金がたくさんあって、好きな物に囲まれて暮らしていても、心が満たされないことがあります。多分それは、本当は求めていないものを追い求めているからです。

自分にとって一番大事なのは、本当にお金や物なのか、自分の価値観や大事にしたいことを一度調べてみてはどうでしょうか。

信念と行動が合っていれば苦しくない

人間は「思い通りに生きたい」という欲求があります。自分がいいと思っていることや信じていることと行動の方向がだいたい合っていれば、あまりストレスを感じません。

少なくとも、体調が悪くなってしまうようなストレスは感じないでしょう。ゴールに向かって、信じる道を一歩一歩前に進んでいくのは楽しいことですから。

一方、社会や文化、メディアや他人の価値観に合わせようとするとストレスがたまります。自分以外の誰かに期待される行動を取ると苦痛を感じるのです。

その結果、我慢して、欲求を抑えることになります。無駄遣いしてしまうのは、抑えつけているものを発散しようとするからです。できるだけ自分の価値観に合う暮らしをすれば、ほしくもない物をやみくもに買う行為は止まります。

価値観に基づいた行動を取る。それは、自分が本当に大事にしたいことを大事にすることです。大事にすべきなのは、心から情熱やエネルギーを注ぎ込みたいと思うこと、日常生活にやりがいや生きがいを感じさせてくれるもの、本当に好きなことです。

もし、「物がたくさんあればあるほど幸せだ」「シーズンごとに新しい服を買うことは私を幸せにしてくれる」「物をたくさん収納するために、私は生まれてきた」「セールで安い物を買うことが、私にとってもっとも重要なことだ」と本気で考えているのなら、そこに居心地悪さはないでしょう。

「買い物するのが私の生きる道」と信じているなら、ショッピングにお金を費やすことは無駄遣いではありません。大事にしているものに、自分のリソース（時間、エネルギー、お金）を注ぎ込んでいるだけですから。

どんなにちまたで片付け本が流行ろうとも、周囲にミニマリストがたくさん出現しようとも、自分が大事にしたい生き方とは違うなら、関係ありません。

もし、今、やっていることに居心地悪さを感じたり、買い物をしたあとに、むなしさを感じたりするのなら、誰か別の人の信条を自分の生き方だと勘違いしているのかもしれません。

なぜ価値観に沿った暮らしができないのか？

価値観に沿った生き方から反れてしまう主な理由は、２つあります。

❶ 大事にしたいことを知らない、わからない、考えたこともない

❷ 大事にしたいことを大事にできているか、振り返りながら暮らしていない

自らの価値観について、ろくに考えたことがないか、成長するときに自然に身に着いた価値観を、そのまま「今も大事にしたいことだ」と思い込んでいると、本当は、したくないことをして居心地が悪くなるのです。

少し考えてみるだけで、自分が大事にしたいことの大筋が見つかり、それを大事にする生活に軌道修正できます。

多くの人が、大事にしていそうなことをリストアップしてみます。

- 人に受け入れられる／愛し、愛される
- いろいろなところに行ける／勝負に勝つ／何かを達成する／有名になる
- 人から称賛される／家族と仲良く暮らす
- 家族を大事にする／何かを完璧におこなう
- 知識をたくわえる／美しくいる
- 静かに暮らす／人の役に立つ／のんびりする

◆金持ちになる（物質的成功）
◆リーダーになる／何かを研究する／物をたくさん集める／正直に暮らす
◆流行の最先端にいる／チャレンジする
◆自由／人に優しくする／名声、社会的ステータス
◆素晴らしい作品を作る／動物／自然
◆いい仕事／社会を変える／常に成長する
◆健康／ひたすらマイペース／いい車に乗る（人間よりメカが好き）
◆プライド／友情／人に迷惑をかけないこと／信仰

ほかにもいろいろあります。こんなふうに、どんなことを大事にしたいと思っているのか、思いつくままに書き出してください。もし何も思い浮かばないなら、過去にあったできごとで、特に印象的だったことを思い出してみるといいでしょう。とても楽しかったこと・充実感があったこと、逆に、悲しかったこと・つらかったことを書き出し、なぜ、自分はそんなふうに感じたのか、その元になる考え方を見つ

ければ、大事に思っていることが見えてきます。

「家族旅行をして、とても楽しかった」と思うなら、「家族と仲良くすること、誰かと一緒に行動すること、移動すること、未知の土地に行くことなどを重要だと思っている」とわかります。

ポイントは、できるだけ自分に正直になって調べることです。大事にしたいと思うことに「いい・悪い」はないので、自分をジャッジする必要もありません。

調べている過程で、人間としての器の小ささに、うんざりするかもしれませんが、淡々と書き出してください。

「自分なりの信条」を見つける

自分が大事にしたいことやものがいくつか出てきたら、そのなかから、3つくらい、コアになる価値観を選びます。もっともこだわりたい部分です。

私の信条は次の3つです。

①正直に生きる（嘘をつくと非常に気分が悪いです）
②シンプルに生きる、欲張らない
③できるだけ人に親切にする

ほかに、「周囲の人と仲良くする」とか「穏やかに暮らす」「健康でいる」というのもありますが、先の3つができていれば、私はそんなにストレスを感じません。

「こういうことができていれば、私は幸せだ」と思うことを、3〜5個くらい書き出してください。それが自分のよりどころであり、大事にしたいものです。大事にしたいものがわかったら、できるだけ、その信条に沿って生きると、毎日が楽しくなります。

迷ったときに「これって、私の価値観に合っているかな？」とチェックできるように、日記やノートに書き出しておくといいでしょう。

4 優先順位を決める

大事なものがわかっても、その時々で優先順位が入れ替わることがあります。

「動物を愛護したいから動物の肉は食べない」と決めた東京在住のOLがいたとしましょう。この人は、エコロジーにも興味があって、ゴミを出さないゼロ・ウェイストな生活をしたいとも思っています。

しかし、動物を大事にするために革製品（靴、バッグ、ベルトなど）を使わないと、石油由来のプラスチック製品を使うしかありません。バッグは布製のもの（キャンバス製のトートバッグや風呂敷など）、靴はわらで編んだ草履、ベルトは腰ひもを使う方法も考えられますが、東京でOLをしていたら、草履で出勤するのは不都合でしょう。

そこで、バッグは合成皮革のものを使うのはやむを得ない、その代わり、「むやみやたらとゴミにしないように、数は抑えて、ひとつを徹底的に使おう」と決めます。

さらに、プラスチックのゴミを減らすために、生活のほかの部分で脱プラスチックを目指し、ときどきゴミ拾いのボランティアに行こう、とも考えます。

このように、大事にしたいものを、すべて同等に大事にしようとすると、利害が衝突することがあります。そのときの状況に合わせて優先順位を決めて、バランスを取りながら、もっとも大事にしたいものを大事にしていくといいでしょう。

何をするにも、今の自分がもっとも優先したいこと（現在の最重要ゴール）を意識していると、自分を見失わずに価値観に沿った暮らしができます。

「もっとも優先したいこと」を決める3つの手順

優先順位を決める手順を紹介します。

優先順位の決め方❶　もっとも大切なものを見極める

まず、理想の人生を考えます。家事や仕事のタスクの優先順位を決める究極の目的は、よりよい人生を生きるため。毎日、できるだけたくさんのタスクをこなすために優先順位を決めるわけではありません。

価値観について考えたときと同じように、どんな生活をしたいのか考えてください。健康で長生きしたいのか？　家族と仲良く暮らしたいのか？　できるだけお金を貯めたいのか？　子供を有名大学に送り込みたいのか？

一人心穏やかに暮らしたいのか？　シンプルライフでマイペースに生きたいのか？　仕事でどんどん昇進したいのか？

人によって、理想の人生は違います。人生でもっとも大切なもの、これだけは譲れないものを確認してください。いわばそれは、生きることで得たいもの、人生の目的と言えます。

理想の暮らしはひとつではないでしょう。

思いつくままに紙に書いてください。実現できそうかどうかは関係ありません。「今から10年後、20年後、30年後にはこんなふうになっていたい」という長期的な視野に立って書いてください。日々のタスクの優先順位は、その行動が、この目的を達成するのに貢献するかどうかで決まります。

優先順位の決め方❷ 時間とエネルギーを使っていることを見極める

普段、限られた時間とエネルギーをどんなふうに使っているか調べてみます。時間、体力、思考をたくさん使っているものは、意識しているにせよしていないにせよ、今の自分が優先していることです。

何に時間を使っているか調べるために、普段やっていることをリストアップしてみましょう。毎日やっていることを紙に書いて可視化します。

私は、付せんに毎日やることを書いて、To-doリストを作っています。付せんには所要時間も15分単位で書き記し、時刻を記入した厚紙に貼っているので、どんな活動にどのくらいの時間を充てたかわかるようになっています。

時間をたくさん使っている活動が、私が優先している活動です。

スケジュールを1ヶ月ほど調べて、日頃時間を使っていることは、本当にやりたいことなのか、理想の生活に近付くための活動なのか考えてみてください。

多くの人は、やらなくてもいいこともスケジュールに入れて、忙しくしています。

日々、やっていることを書き出したら、やらなくてもいいことを見つけ、思い切ってやめましょう。重要なタスクを絞っておこなうと、優先したいものに、よりエネルギーをそそぐことができます。

優先順位の決め方❸ 緊急じゃなくても大事なことはやっていく

成功哲学であり、人生哲学の名著として有名な、スティーブン・R・コヴィー博士の『7つの習慣』（キングベアー出版）では、人がやることを4つに分けています。

1. 緊急で重要なこと
2. 緊急ではないけれど重要なこと
3. 緊急だけど重要ではないこと
4. 緊急でもないし、重要でもないこと

充実した人生を送るためには、「緊急ではないけれど重要なこと」をやらなければいけない、とコヴィー博士は言っています。

たとえば、体力作りや、人間関係の構築、これからやりたいことの準備や計画、心身をリラックスさせることなどは、どれも大切なことです。

こうした活動は、今日どうしてもやらなければいけないこと（緊急なこと）ではありませんが、人生単位で見ると大切なことです。部屋の片付けや、しっかり寝ることも、緊急ではないでしょうが、やっておかないと、あとでつけを払うことになります。

私は毎朝スロージョギングをしていますが、スロージョギングを始めてから、めったに風邪を引かなくなったし、セルフイメージも上がりました。スロージョギングを始めて12年目です。最初は、昼間の空いた時間に散歩をしていました。散歩をしながら、「歩いてる時間がもったいないなあ」とよく思ったものです。

しかし、私にとって健康であることは大いに意味のあることです。1日75分のスロージョギングは、私にとって緊急ではないけれど、とても大切なタスクなのです。

このように、差し迫ってはいないけれど、理想の暮らしをするためには、やったほうがいいことを、積極的にスケジュールに盛り込むようにしてください。

特に、いつも忙しい思いをして、毎日があれよあれよという間に終わってしまう人ほど自分自身にとって大事なことをすべきです。

「忙しすぎる現実」を変えるためには、今はやっていない何か、つまり「緊急ではないけれど重要なこと」をする必要があります。

先ほど書いた、生活時間のログを取って見直したり、週の始めにその週にやることを考えたり、週の終わりに1週間を振り返ったりするのも、やらなくても生きていけるタスクだから、緊急事項ではありません。

しかし、そうやって時間の使い方を検討することは、大事なタスクです。

優先順位を見極めたら、マルチタスクではなくシングルタスクをおすすめします。脳は一度にひとつのことしか処理できないので、マルチタスクをしているつもりでも、実際は、仕事から別の仕事へと大急ぎでフォーカスする先を変えているだけです。

これでは脳に負担がかかるし、複数の仕事のどれもが中途半端になり、ミスも増えます。マルチタスクが普通になっている人は、一度ひとつずつ仕事をしてみてください。やってみると、ずっと集中でき、同時進行しているときより、うまくできるし、達成感があります。

5

お金のストレスを減らすには？

「お金がない」「もっとお金がほしい」。人はお金について、毎日のように考えています。ところが、しょっちゅうお金のことを考えているのに、状況は代わり映えしません。

これはいったいどうしたことでしょうか？

貯金や投資を熱心にしている人でなくても、買い物するたびに、なんとなくお金のことを考えて、重苦しい気分になることはよくあります。

私たちのリソースである時間、体力、精神的なエネルギーは有限です。そうした貴重なリソースを使いながら、お金について、ああでもない、こうでもないと考えてしまって、心配するわりには、経済状況が改善しない。

かつての私もそういうことがよくありました。

考えているようで考えていない無駄な思考

「金持ちになれたらいいなあ」

「老後貧乏は他人事じゃないなあ」

「将来、パーキンソン病になって、銀行のパスワードやら何やらすべて忘れたらどうしよう」

「(メディアで長者番付や、人の年収を見て) お金があってうらやましい」

「(通販を利用して) レギンス1本、50ドルって高くない?」

「(節約ブログを見て) ひえ〜〜、こんな面倒なこと、私はできないよ」

「(ナッツを食べながら) ナッツってどうしてこんなに高いんだろう」


このような、手持ちのお金を増やすことにまったく貢献しない「お金について考えている時間」は無駄だし、「お金の心配」をしても大して意味がありません。

心配しすぎてストレスになったら、ますます暗い毎日になります。

私は、こうしたどうでもいい心配を捨てようと思い、いろいろ工夫したところ、今は、あまりお金の心配に振り回されなくなりました。

建設的な思考をする方法

考えても何も生み出さない考え事に時間とエネルギーを使いすぎないために、建設的な思考を心がけました。

そのためにやってみたのが、次の3つです。

1 お金の心配の扱い方を変える

◆思い浮かんだら、「あ、浮かんできたな」と思う

自然に湧き上がってくるものを無理に抑え込むと、あとで反動が起きるのでよくありません。「お金があったらいいなあ」とか、「ナッツって高いなあ」と思ったら、私は、「あ、また『お金があったらいいなあ』と考えているなあ。『ナッツって高いなあ』と思ってるなあ」と考えるようにしました。

自分がしている心配を客観的に見ることにしたのです。

◆毎朝、頭にあることを書き出す

お金の心配がいっぱいあるときは、ノートにびっしりそれを書きました。

◆「では、どうしたらいいのか」と考える

「インプラントに支払うお金がないよ～」とか、「このままでは老後貧乏になってしまう」と思ったら、「では、どうしたらいいのか？　今、打てる対策はないのか？」と考えるようにしました。そして、今の自分にできることを少しずつやるようにしました。

「大変だ。困ったよ～」と思ったところで止まっていると、いつまでも、困って心配する状態が続きます。問題解決のために小さなことでも実践することで、心配しているだけで止まった状態から前に進むことができます。

② 基本的なお金の管理をする

かつての私は手持ちのお金の把握ができていなかったので、まずは収支を把握することにしました。**何にどれだけお金を使ったか、Googleのスプレッドシートに入力していったところ、記録するだけで、お金の使い方に意識が向くようになりました。**

③ お金の管理に関する有用な情報を仕入れて実践

家計管理に関する参考書を2冊購入しました。

『正しい家計管理』（WAVE出版）、『年収200万円からの貯金生活宣言』（ディスカヴァー・トゥエンティワン）という本です。できるだけ初心者向けのものを選んだつもりでした。ともにファイナンシャルプランナーが書いたものです。

まず、『正しい家計管理』を読み始めました。この本の帯には、「これまでの家計管理、市販の家計簿に挫折したすべての人へ」と書いてあります。

この本は、そもそも家計管理を試みたことがない私には、わりと難しく、すぐにはできないことが書いてあり、ハードルが高すぎる気がしました。

しかし、「家計管理の目的は節約ではなく、価値あるものにお金を使えるようになること」という考え方には共鳴したし、「家計は、価値観をお金の流れで表したもの」という話にも納得しました。

「この本に書いてあることは、将来的にできるようになればいい」と考え、コンセプトを確認したあとに、もっと簡単に取り組めそうな、『年収200万円からの貯金生活宣言』を読んでみました。こちらは、わりと平易で、家計管理の方法も、できることは試してみました。

やり方は、自分に合うように少しずつ改良したので、本の指示とは必ずしも同じではありませんが、現在の私のお金の管理方法は、この2冊の本に書いてあった理念がベースになっています。**このような本を読んで試行錯誤する気になったのは、物を捨てて思考をクリアにしたおかげです。**

それまでは、暮らし全般をシンプルにする本を読んでも、家計やお金に関するところは、「あ、私には関係ない」「読みたくない」と飛ばしていましたからね。

どんぶり勘定人生から、毎日、使ったものをちゃんと記録して、収支を把握し、ときどきはお金の使い方を振り返ることができるようになるまで、2年くらいかかっています。

いきなりハードルを上げず、やさしいことから積み上げるのがいいようです。

収支を把握したら、ぼんやりとした不安な状況から抜け出すことができて、ストレスが格段に減り、余計な心配もしなくなりました。

6

マネーシェイムに気付こう

家計の改善方法や資産運用に関する情報はちまたにあふれていますが、お金について悩む人や、ストレスを感じている人はたくさんいます。

いくら家計の管理の仕方を情報として取り入れても、お金に対して変な思い込みや、誤った価値観、望ましくない考え方があると、うまくお金を管理できません。

こうしたお金に関する望ましくない価値観を、アメリカのマネーコーチ、タミー・ラリーさんはマネーシェイムと呼んでいます。シェイムとは「恥、残念なこと、不名誉」という意味です。誰でもマネーシェイムがあるとタミーさんは言います。

マネーシェイムは、幼い頃に身に着けた、お金に関する価値観がベースになっています。強いマネーシェイムがある人は、「私は人間として失格だから、人に愛されないし、コミュニティ（家族や会社、友達同士の輪など）のメンバーにもなれない」と感じます。それは痛みを伴う感情です。

マネーシェイムのせいで、自分の価値がお金で決まると思い込むと、お金がなければ恥ずかしいと感じます。逆に、資産や大きな家、車を持てば、自分の価値は上がり、万事、うまくいくと考えます。

マネーシェイムが引き起こす弊害

タミーさんによれば、マネーシェイムのせいで、こんなことが起きます。

- 分不相応なブランド品や車を購入する
- 毎月火の車で、給料は右から左に消える
- どんなにお金がかかろうとも見栄を張る（人からどう見られるかが重要）
- お金があっても、豊かな気分にならない、楽しめない
- お金を使うことに罪悪感をもつ
- クレジットカードの借金があるのに、買い物が止まらない
- 異常なまでにお金にこだわって、物の値段や、ほかの人の収入がとても気になるし、

そういうものに敏感に反応する
◆大物のふりをして、いつも家族や仲間のために、支払いを持つ
◆お金に困っていないのに、いつも、「まだ充分ではない」と感じる
◆お金に関する秘密があり、それが他人に知られることをとても恐れている

大きなマネーシェイムのある人は、自分の痛みを、何か別のことをして麻痺させようとします。必要以上に忙しくする、食べる、ゲーム、読書、ドラッグ、アルコール、インスタグラムやフェイスブックの「いいね！」集め、ネットフリックスでドラマや映画を見続ける、アマゾンの買い物、ポルノや性行為、恋愛にふけること、など。

今は、インターネットがあるので、自分を麻痺させる手立ては、いくらでもあります。

「なぜ？」と考え、修正する

マネーシェイムを自覚すると、それから自由になることができます。金銭問題を隠

したり、見ないことにしたりするのではなく、現実を直視します。

過去のお金の失敗、たとえば大きな借金があっても、それを隠そうとせず、直面して、失敗を認めたり、失敗した自分を許したりすれば、その失敗から自由になれます。

自分では気付かないうちにマネーシェイムに左右され、歪んだ考え方をしていることがあるかもしれません。

「この世は銭《ぜに》だ、銭がすべてでっせ！」と信じ、公言し、その価値観をもとに、行動している人もいるかもしれません。ですが、大部分の人は、そうはっきりは言い切りません。

けれども、心の奥底で「お金のあるなしが、その人の幸せとイコールか、イコールではないとしても強くリンクしている」とか「経済力のある人が人間として素晴らしい人にほかならない」と思っていると、その価値観に沿った行動を取ります。

マネーシェイムのせいで、幸せになるために必死でお金を稼ごうとしたり、人の上前をはねて1円でも余分に取ろうとしたり、経済力があるふりをするために高価な物で身を固めたりします。

マネーシェイムのせいで、まずい結婚をしてしまうこともあります。

30年くらい前、結婚相手の条件として、3高《さんこう》を掲げる人がいました。高学歴、高収入、高身長です。昔は、高学歴は高収入に結びついていると考えられていたから、3つの条件のうち2つまでが、お金に関する価値観から発生しています。

収入や仕事にこだわるのは当然かもしれません。ですが、多少は相手の人間性や、自分との相性を考慮して結婚しないと、結婚後、ストレスの多い生活になります。

3高という条件を優先して結婚したあと、思ったほど幸せでなかったとしたら、それはお金に関する間違った価値観のせいで、判断をあやまってしまったからです。

これは自分のミスなので、なぜこんなことになってしまったのか、その結婚を決めたもとになった価値観を洗い出し、そんなミスをしてしまった自分を許し、生活を再建していけば、マネーシェイムから自由になれます。

汚部屋や買い物ぐせも、お金や物に関する価値観が生んだ結果ですから、どうしてそうなってしまったのか、かつての自分はどんな考え方をしていたのか、そこを考え

てみるのは、とても有意義なことです。

人の価値観はいろいろあり、どんな価値観を持とうとその人の自由です。けれども、知らず知らずのうちに内在化させてしまった考え方のせいで、今、自分が苦しい思いをしているのなら、その思い込みをあぶりだし、捨てて、別の価値観を採用すべきです。

私のマネーシェイム

かつて、買い物ばかりしていた私にも、マネーシェイムがありました。それは、お金の問題に向き合うことを避けてきたことです。

私はもともと数字が苦手だし、お金のことを考えるのがきらいです。「お金のことをあれこれ言うのは下品なことだし、人と話し合うトピックでもない」と思っていました。その根底にあったのは、「お金は汚いもの」という意識です。

今でも、確定申告など、お金にまつわる作業は好きではありません。お金のことを考えないようにしていたので、どんぶり勘定になり、お金がない状態を引き起こしました。

そんなときも、収支の記録や家計簿をつけませんでした。「お金のない現実と向き合うのはイヤだ。恐ろしい」と思っていたからです。

お金がない現実を見たところで、何も変わらないとも感じていました。そうやって、お金の問題と向き合っていなかった頃は、将来に対する不安はたっぷりありましたが、貯金はありませんでした。

その後、生活をシンプルにする過程で、大切なリソースのひとつであるお金を、ちゃんと管理しようと決め、少しずつお金の問題に向き合うようにしたら、だんだん貯金ができるようになりました。

7

足りないマインドVSたっぷりあるマインド

お金に関するストレスを減らすために有効なことは、「たっぷりある」と考えることです。私は、これを「たっぷりあるマインド」と呼んでいます。これは、「すでに自分は充分持っているから大丈夫だ」と、持っているものやできていることに目を向ける考え方です。

たっぷりあるマインドの反対は「足りないマインド」で、足りないものや、できないことに目を向ける思考です。

足りないマインドで暮らしていると、お金のストレスが増え、すでに家に充分、物があるのに、また買ってしまう、なんてことが起きます。

詳しく説明しますね。

足りないマインドとは？

特に意識していないと、人は、何かにつけて、「足りない」と思うものです。

こんな言葉をよく口にしませんか？

- 時間が足りない
- お金が足りない
- (料理の) 材料が足りない
- 人手が足りない
- 収納スペースが足りない

この思考も、前述したコヴィー博士の『7つの習慣』で知りました。

コヴィー博士は、「時間、お金、幸せなどが、この世にひとつのパイ分しかないと考えると、足りない気持ちになる」と書いています。パイは、丸いお菓子のパイです。

もし誰かが、大きな一切れを食べてしまうと残りはほんの少し。パイひとつだけをほかの大勢の人たちと争うことになるから、「足りない、足りない」と思ってしまうのです。

世の中を「自分対他の人」という視点でとらえると、足りないと考えてしまいます。

たとえば、よく見ている、家計を公開している節約ブログで、「今月は夫のボーナスが出たから、収入がすごく多かった。200万円くらいありました。ホクホクです」という記事を読んだとします。

冷静に考えれば、見ず知らずのブロガーの家に200万円振り込まれても、自分の生活には、なんの影響もありません。

けれども、多くの人は、このような記事を見て、どちらかというとネガティブな感情を抱きます。「すごいな、うらやましい」くらいならいいのですが、「なんであの人ばっかり。私はこんなに節約を頑張っているのに。不公平だ。ひどい、悲しい」なんて落ち込む人もいるでしょう。

「それはよかった。私も嬉しい」と反応する人はあまりいません。

世の中に、お金のパイがひとつあり、そのパイのかなりの部分（この例で言えば200万円）がほかの人のところにいくと、自分のところに回ってくる分がなくなると思うから、「不公平だ」と感じます。

人と比べることが多いと、こういう気持ちになりやすいので、あまり他人の生活と自分の生活を比べないほうがいいです。

人と比べなくても、いろいろなものが足りないと自分で決めつけてひがむこともあります。幸せなのに、「こんなふうに、いつまでも幸せが続くわけはない。今にきっと何か悪いことが起こる」と取り越し苦労をするのです。

確かに、徳川家康が言ったように、この世の中は、「禍福《かふく》は糾《あざな》える縄《なわ》の如《ごと》し（幸せと不幸せが縄のように寄り合わさっていること）」であり、良いものと悪いものが共存し、誰にでも良いときと悪いときがあります。

けれども、幸せなときは、次に来るであろう不幸を恐れ、不幸なときは、その不幸にうちひしがれて、ずっと不幸なままの人がいます。

こんなふうに感じるのも、幸せはパイひとつ分で有限であり、誰かがすでに、かなりの分を取ってしまっているという考え方をしているからです。

別の例を挙げます。自分の身に、不運なことが起きたとします。夫が失業し、子供が受験に失敗し、自分はパートの面接に落ち、母親は認知症になり、介護が必要。

こんな大変なことが次々と襲いかかってきました。

こんなとき、ほかの人が、いかにも幸せそうに見え、「なんで私ばかりこんな苦労をしなければならないのか」とネガティブな気持ちになります。「他人は幸福をいっぱい持っていて、自分には足りない」と感じてしまうのです。

しかし、お金は皆が、「この紙きれには1万円の価値がある」と信じているから価値が生じている共同幻想にすぎないし、幸せや幸運のように形のないものは、パイになりようがありません。

「足りない」と感じるのは、あやまった考え方です。

足りないマインドとたっぷりあるマインドはこう違う

次に、足りないマインドとたっぷりあるマインドの違いを、4つにわけて説明します。

❶ 限界と可能性

足りないマインドの持ち主は、「お金が足りない」「時間が足りない」「愛情が足りない」「機会が足りない」「能力が足りない」と、常に限界に意識が向きます。すでに限界に達していて、もうどうすることもできない、と考えがちです。そこにはなんの伸びしろもありません。

一方、「たっぷりある」と考えると、「自分にはこんなにリソースがあるのだから、あんなことも、こんなこともできるよね」と可能性に目が向きます。

たっぷりあるマインドの人のほうが、可能性があります。「足りないと思っている人のところには、お金は入ってこないが、たっぷりあると思っている人のところには、もっとお金が入ってくる」と私が考えるのはこの理由からです。

❷ 受け身な生き方と主体的な生き方

損得勘定をベースに生きている人は、外的な状況に振り回されます。
自分がほしいから買うのではなく、セールになっているから買ったりしますよね？

本当はAという商品（サービス）を購入して消費したいけど、Aは割引されていないから、BやCで手を打ちます。この行動は自分で決めているようで、実際は、「売り手側に買うものを決めてもらった」と考えることができます。

売り手側のプロモーションに乗って決めているわけですから。

「リソースはたっぷりある」と考える人は、自分がほしいものに素直に手を伸ばします。それは多少割高かもしれません。

けれども、本当にほしいのだから、買ったあとの満足感は大きいでしょう。

買い物にかぎらず、「自分は足りないんだ。だめなんだ。とにかく損をしないように」と思いながら生きるのは、好きなものに向かって、まっすぐ走ることができない生き方ではないでしょうか？

❸ 現状維持と変化

足りないマインドの人は、「今と少しでも違うことをすると、ただでさえ足りないものがますます足りなくなる」と恐れています。その結果、現状維持を好みます。

基本的に、「何もかもが充分ではない」と感じているので、押入れの中にたくさんあるタオルや、収納ケースの中にたっぷりあるTシャツやセーターを捨てません。足りないからたくさん持っていたいのです。たとえそれらを使っていなかったとしても。

こうして、「使っていない物がたくさん入っている押入れ」という現状をキープします。

一方、たっぷりあるマインドの人は、「タオルも服もたっぷりある。使ってない分くらいは手放そう」と考えて、不用品を捨てます。

すると、押入れにスペースができるから、物の出し入れが楽になるし、目当てのものを見つけやすくなります。

家事が楽になって空いた時間を趣味や勉強に使えば、日々がちょっぴり充実します。時間が空いた分、ちょっと手の込んだ料理をすることができて、夕食での家族の反応が変わるかもしれません。

こんなふうに、使っていないタオルや着ていない服を捨てるだけで生活は変わります。こうした変化を最初から拒絶している足りないマインドの持ち主は、「使ってないタオルを捨てるのはもったいない」と言いながら、よりよい生活に変われない、もっともったいない暮らし方をしているのです。

❹ 喜びと恨み

同じことをしても、足りないマインドの持ち主と、たっぷりあるマインドの持ち主では、違う感情を持ちます。

誰かのために、ボランティアで仕事や世話をしたとしましょう。たっぷりあるマインドの人は、「人の役に立ててよかった」と素直に喜びを感じます。しかし、足りないマインドの人は、「タダ働きして損した。ありがとうすら言ってもらえない」と恨みがましい気持ちになりがちです。

心に余裕がないから、「こんなに働いたんだからお礼くらい言ってよ」と思うのです。

足りないと思っている人は、足りない分を埋めるために、常にほかの人から、「少

してもいいから、取ろう、もらおう、奪おう」としています。たっぷりあると思っている人は、「いっぱいあるから、ほかの人にちょっと分けよう」と思います。

足りないマインドだと文字通り心が貧しくなってしまうので、お金に関するストレスもたくさん抱えて生きることになってしまいます。

さて、ここまで、お金より大事なことがあるという話をしました。

パート3では、買い物習慣を変える方法をお伝えします。

Part

3

この方法で
買い物習慣を変える

1

買い物習慣を見直そう

無駄遣いや衝動買いをする頻度を減らして節約し、必要な物を買ってちゃんと使う生活をするために、まず、買い方のクセを見つけましょう。

買い物も生活習慣のひとつなので、人それぞれパターンがあります。よくないパターンを見つけて改善すれば、もっといい買い方ができるようになります。

雑誌やインターネットには、「1年で100万円貯めている人の買い物習慣」とか、「貯めている人が必ずやっていること」なんて記事が紹介されています。こうしたライフハック（工夫やコツ）を真似しても、多少は効果があるかもしれません。しかし、記事に登場する人々は自分とは違うのだから、そう簡単には貯金できません。効果がないから、何年経っても同じような方法が雑誌に紹介されているわけです。

自分とは気質も生活環境も違う人の真似をするのは難しいですし、下手すると、うまくできない自分のことを卑下《ひげ》してしまうおそれもあります。それよりも、自分の今の買い物の傾向をつかんで、少しずつ修正していくほうが効果的です。

よく買う物は何？

家にある物は、たいてい自分が買った物です。よって、自分の所持品の内容や量を調べると、買い物の傾向がわかります。

やたらと数が多い物、さして必要ないのに、なんとなく買ってしまう物、買うことが好きな物はありませんか？

かつての私がよく買っていたのは、衣類、書籍、文房具です。私の娘はあまり買い物をしませんが、レギンス、ハンドソープ、キャンドルあたりを買うことが多いでしょうか。娘は、本や雑誌はまったくと言っていいほど買いません。夫は、ゴミ袋やサランラップ、アルミホイルなどの日用品と、なぜか枕や室内履きを買うのが好きです。

実際に所持品を目視して、数がたくさんある物をチェックしたり、何をどれだけ持っているかノートに書き出したりするといいでしょう。量が多いと、全部書き出したり、数え上げたりするのは大変なので、特に数が多いもの、よく買うと自覚しているものを調べてみてください。

通販で買うことが多い人は、ショップに買い物の履歴が残っているはずなので、その履歴を見てもいいですね。最近のショップの履歴は、商品の写真がついていることも多く、わかりやすいです。

普段、自分が人に贈り物としてあげるものは、たいてい自分が買うのが好きなものです。

人は、なんとなく物を買い、さらに、買った物を忘れる傾向があるために、似たような物をどんどん買ってしまうことがあります。所持品の多さを目の当たりにすれば、「しばらく買わなくてもいいよね」と、ごく自然に思うでしょう。

よく買っている物がわかったら、なぜ、それらの品をよく買うのか考えてください。

私が本をよく買っていたのは、子供の頃から本を読むのが好きだったのと、本屋に寄るのが習慣になっていたからです。夫が日用品をよく買うのは、スーパーやドラッグストアで割引になっているのを目にすると買わずにはいられないからです。彼は、典型的な安物買いの銭失いです。

「買い物日記」のすすめ

買い物するたびに、何をいつ、どこで、いくらで、なぜ買ったのか記録しておくと、さらに詳しくパターンを分析できます。

買い方のクセが把握できるなら、書き方は自由です。紙と鉛筆を使ってもいいし、スマホのアプリを使うほうが便利なら、それでもかまいません。

私は、もう何年も、食料品以外の物を買ったらGoogleのスプレッドシートに買った物を記録しています。買い物記録用のフォームをあらかじめ作っておき、物が家に入るたびに（注文した日ではなく、家に入った日に記録しています）、フォームに入力して送信すれば、勝手にスプレッドシートに記録が残っていくので、とても便利です。

フォームに入力するのは、買った日、買った物、値段、買った場所（あらかじめよく使う店を選択肢として設定しておき、チェックを入れる）、買った理由、その他、です。

1年記録をつけてみると、季節がひとめぐりするのでいいと思いますが、まずは2

週間とか1ヶ月、と短い期間を設定して書いてみると挫折しません。記録するのが面倒な人は、写真を撮って時々眺めるのもおすすめです。

写真の量が多い人は、「買った物」というタイトルのアルバムを作って、まとめるといいでしょう。私は、買った物の写真をスマホで撮り、記録しています。

それも面倒ならば、レシートをためておいて時々眺めるのも、何もやらないよりはずっとましです。

買い物が多い人は、買った物すべてをつけるのは大変なので、衣料品、書籍、おやつなど、ターゲットを絞ってつけてみるのもいいでしょう。私も以前、ナッツをたくさん食べていたときは、ナッツの買い物だけノートにつけていたことがあります。

毎日買い物日記をつけていると、それだけで自分の買い物のパターンが見えてきます。同じ物を何度も書いたり、入力したりすることになるからです。100円均一ショップに行くことが多い人は、しょっちゅうダイソーやセリアと書く（入力する）ことになるし、通販の利用が多い人は毎週アマゾンと書くことになります。

週に5日以上、スターバックスでラテを買っていることもわかるし、お買い物マラソンや無印週間になると、さしあたり必要でない物をたくさん買っていることもわかります。

買った物をちゃんと活用できているかどうかも考えてください。買っただけでそのままになっている物はないでしょうか？ 活用できていないとしたら、どうしてでしょう？ その理由を考えてみることも、買い物習慣を変えるのに役立ちます。

値段を記録しておくと、年間、どんな物にいくら使ったかわかるし、それが収入の何％になるかも算出できるので、重宝します。

買い方のパターンを見つけたら、今後も同じパターンを続けたいかどうか考えてください。今と同じように買い物をして、同じように暮らしていきたいのかどうか？「このままではまずい」と思ったら、「1ヶ月、コンビニ行くのをやめる」「1ヶ月、お菓子を買わない」など、変えたい部分をひとつだけ見つけて、「30日間チャレンジ（1ヶ月だけチャレンジすること）」などを使って変えていきましょう。

2

買わない挑戦をしてみよう

買い物のクセに気付くのに特におすすめなのが、意識して買い物に制限をかける「買わない挑戦」です。次に、やり方を紹介します。

簡単に始めて、ちゃんと続けられる10のポイント

ポイント❶ ターゲットと期間を決める

前項でおすすめした買い物傾向のチェックをして、自分がどんな物をよく買うのか、どんな店を利用しているか、どんなシチュエーションで買うのか分析してください。

そのうえで、買わない挑戦のターゲットを決めます。たとえば、品物別（洋服、雑貨、書籍、おやつ、外で飲むコーヒーなど）で設定してもいいし、店ごと（100円均一ショップ、ネット通販、衣料品店など）に設定してもいいです。

私はもう何年も買わない挑戦をやって、かなり買い物が減っているので、あとで説

明する「自分ルール」を作って、買ってもいいと決めたもの以外は買わないようにしています。

期間は、1週間、1ヶ月、3ヶ月、半年など、実情に合わせて選んでください。

私は、たいてい年頭にその年の買わない挑戦のルールを決めて、通年でやっていきますが、ときどき、1ヶ月チャレンジも盛り込み、「今月は、本を買わないようにしよう」と決めたりすることもあります。

ポイント❷ 自分ルールを作る

買ってもいい物と、できるだけ買わないようにしたい物を決めます。「今後は必要な物しか買わないようにしよう」とか「できるだけ買い物しないようにしよう」と決めて始める人がいますが、漠然とした心づもりで始めると、たいてい失敗します。

買わない挑戦ですることは物を買わないことですが、この挑戦のゴールは、望ましい買い物習慣を身につけることです。まったく買わないことではありません。

買い物をしないで生きていくことは不可能なので、お金の使いどころを見極めなけ

ればなりません。お金は使うためにありますから。

また、「できるだけ買わない！」と我慢していると、あるときたがが外れて、大量に買い物してしまう危険もあります。

なかには、1年間まったくお金を使わないチャレンジをし、成功する人もいますが、あまり現実的ではないので、最初は小さなことから挑戦したほうがいいです。

私は、食品、キャンドル（キャンドルの火を見つめて、頭の中をクリアにするのによく使う）、歯の手入れに使うもの、友人へのギフト、今、使っている衣料品や靴の買い替え、仕事に必要なもの（本は除く）、どうしても買わないと生きていけないものは、基本、買ってもいいことにしています。

はじめてやるときは、ちょっと頑張れば実現可能なルールにしてください。あまりに厳しいルールを作ると挫折して、「やっぱり、私は買うのを我慢することなんてできないんだ」「私って三日坊主なんだ」と感じ、セルフイメージが悪くなるだけです。

ポイント❸ はじめての人におすすめの「買わない挑戦」

最初は、充分、実現可能な挑戦にしましょう。いくつか例を挙げておきます。

- 週に一度は、お金を使わない日を決める（毎日、買い物している人向け）
- 1ヶ月だけ、コンビニや100円均一ショップに行くのをやめる
- 1ヶ月だけ、クッキーやチョコレートを買わない（甘いおやつを常食している人向け）
- 半年間、雑誌を買うのをやめてみる
- 半年間、セール品を買うのをやめる
- 積ん読本を10冊読むまで、新しい本を買わない
- 半年間、消耗品の大量買い（ストック用）をやめてみる
- 1年間、衣類を買わない
- 福袋を買わない
- 今年いっぱいは、子供のおもちゃは子供の日、誕生日、クリスマスにしか買わない

ほかにもさまざまなバリエーションが考えられます。簡単なものから始め、慣れた

ら少しずつハードルを上げていくといいでしょう。

ポイント❹ 記録を取って時々振り返る

長期の挑戦をするときは、1ヶ月ごとに達成状況を見直し、計画を調整します。そのために、買い物日記をつけるといいでしょう。

先に書いたように、私は、常に買った物を記録して、その月の買い物を振り返っています。2018年にはブログのコンテンツとして、毎月、過去1ヶ月に買った物を紹介していました。1年間やってみて、キャンドルと歯の手入れに使う物しか買っていないことがよくわかったので、その後の挑戦では、この2つは基本、買ってもいいことにしています（金額の制限などは、その都度考えていますが）。

記録を取ると、達成状況がわかるだけでなく、やる気も維持できるし、買い物のクセの把握も進みます。

ポイント❺ ほかの人に挑戦のことを話す

家族や友人に、買わない挑戦をしていることを話したほうが何かと都合がいいです。人に話すと、こんな効果があります。

◆モチベーションを保てる

「親しい人をがっかりさせたくない」「三日坊主だと笑われたくない」、そんな気持ちから、早々に挫折することを防げます。

◆いちいち説明する手間が省ける

最初に、「『買わない挑戦』を始めた」と言っておけば、一緒に買い物に行ったときや、買い物ツアーの誘いを断ったときなどに、なぜ買わないのか、なぜツアーに行かないのか、理由をいちいち説明する手間が省けます。

◆協力してくれるかもしれない

「『買わない挑戦』を始めたんだ」と言うと、おそらく周囲の人は、あまり理解を示さないでしょう。「この人、何言ってるんだろう?」という顔で、あなたのことを見るかもしれません。ですが、中には「私もやってみる」と言う人もいるかもしれません。何かを買おうとしていると、「『買わないチャレンジ』をしてるんじゃないの?」

とたしなめてくれる親切な人がいないとも限りません。

私は、買わない挑戦をすることに慣れているので、特に意識しなくても、まあ継続できますが、それでもブログに書くことでモチベーションが保てていると思います。

娘にも、買わない挑戦をしていることを言ってあります。私が、「あれ、いいなあと思ってるんだけど、買おうかなあ」と言うと、娘は、「ママ、今年は買わない年だと言っていたよね」とたしなめてくれます。

ポイント❻　買い物に使うリソースを別のことに使う

パート2で説明したように、普段の行動は、すべて時間、お金、体力、気力といった有限のリソースを使っています。

買い物は、思ったより時間と手間がかかる活動です。買い物に使っていたリソースを別のことに使うように意識すると、買わない挑戦を継続しやすくなります。

もし、買い物が趣味になっているのなら、新たな趣味を見つけるといいでしょう。友達と会って買い物するのが習慣になっているのなら、買い物には行かず、映画を観る、美術館へ行く、一緒に料理を作るなど、買い物とは関係ないアクティビティをしてください。

ポイント⑦ すでに持っている物を使う

新しい物を家に入れない代わりに、すでに持っている物を使うようにします。所持品の棚卸しをする話はすでにお伝えしましたが、家にある物を改めて見てみると、存在をすっかり忘れていた物があります。そのような死蔵品を使うようにしてください。

死蔵品を使うコツは、使いそうにない物は捨て（数が多すぎると使いにくい）、残したものは、何に使うのか具体的に計画を立てて、使うときを決め、スケジュールに入れてしまうことです。使いやすいように手元に置くのもいいですね。

意識しないと、使うことはできません。私は、積ん読を減らすために、本が家に入るのをいったん止め（買わない挑戦）、手元にあるものを順番に読むようにしています。

以前、雑誌から切り抜いたり、インターネットからプリントアウトしたレシピを紙袋にたくさんため込んでいたことがあります。ちゃんと使うために、1枚ずつ目を通し、作りそうにないものは捨て、作ろうと思ったものは袋から出して、キッチンの棚のすぐ手に取れるところに置き、1レシピずつ攻略していきました。といっても、私は、料理はあまり好きでないため、大半のレシピは捨てました。

家にある食品を食べきるパントリーチャレンジも、手持ちの物を意識的に使う方法のひとつです。

ポイント❽ 必要なときに必要な分だけ

何を買うときにも、必要な物を必要になったタイミングで、必要な分だけ買うことを意識していると、無駄な買い物が減ります。


もちろん、最低限の備蓄はしてください。日本は地震が多いので、非常用に食品をとりのけておくことは必要だと思います。ただ、必要以上に買い込むのは感心しません。

2020年、新型コロナウイルス感染防止のため、自由に買い物に行けないことや、物流が止まるのではないかと心配することもあったと思います。その結果、「ミニマリストの暮らしは災害に弱い」と感じた人もいたかもしれません。

実際、ある女性が、「ミニマリストであることを後悔した」という記事をインターネットで見ました。その人は、ミニマリストとして、必要なときに必要な分を購入する暮らしをしていたら、テレビのニュースで、トイレットペーパーが品薄であると聞きました。自宅にある分をチェックしたら、今日明日には切れそうだったので買いに走ったところ、スーパーにもコンビニにもなくてすごく焦ったそうです。トイレットペーパーを節約しながら使って、5日後にようやく購入できた、という内容です。

本当にミニマリストなら、トイレットペーパーが手に入らなくてもおたおたしません。紙がなかったら、布を使えばいいし、布がなければ、水やお湯で洗えばすみます。ミニマリストであるないにかかわらず、頭を使って工夫できるかどうかの問題です。

ポイント❾ 買い物のきっかけに注意を向ける

まずきっかけとなる出来事や刺激があって、その後、人は買い物をします。普段何をきっかけに買い物をしているのか、考えてください。

よくあるきっかけは、

①心理的な必要性を感じること（パート1を参照）
②人の行動
③環境や状況
この3つです。

人の行動に影響される例：
◆母親や友人など、特定の人と買い物するのが習慣になっている（会えば買い物する関係）
◆家族とケンカしてイライラしたから買い物する（普段よくケンカするのも生活習慣のひとつなので、ケンカする習慣が続く限り、買い物が増える）
◆人に持ち物や衣類をけなされたから、逆にほめられたから
◆個人的に親しい店員に誘われて店に行く、美容師にシャンプーを勧められて買う
◆特定の人や周囲の人に、自分の優位性を認めさせたい（素晴らしいと思ってほしい、センスがいいと言ってほしい、見栄っ張り、マウントを取る、過度の承認欲求）

◆夫や子供に直にリクエストされた（「クリスマスにはあれを買ってね」「お正月にはこれを買わないか？」などと）

環境や状況に影響される例：
◆店でセール品やセールのポップ（店にある看板、数字や矢印、文字などで、お買い得品があることを知らせるもの）を見る
◆イベントがあるから、それ用に着る服や靴を買ったり、パーティや旅行、結婚式、新年会、または息子が幼稚園に上がるから、入園式用のスーツを買う
◆会社で同僚が着ているのを見て、自分も買わなければならない気になったり、YouTuberが動画の中で使っているのを見て、急に必要性を感じる
◆「友人の誕生日が近いのでプレゼントを買わねば」と思い、買い物に出る（実店舗でもオンラインでも、ギフトだけでなく、自分の物を買ってしまう人が多い）
◆なんとなくスマホで通販サイトや、インスタグラムを見て
◆メールをチェックしていたら、通販サイトからセールの告知メールが届いていた

◆台風が来る前やロックダウンが始まる前に、スーパーで食品を買っていたら、ほかの人が大量に買っているのを見て、自分も買う
◆臨時収入が入った

買い物をしてしまうきっかけを見つけたら、そのきっかけを受け取らなくてもすむ工夫をするか、きっかけに対して別の行動をするようにします。

たとえば、インスタグラムやYouTubeを見ていて、インフルエンサーが使っている物がほしくなるなら、ソーシャルメディアの使用を制限すればいいのです。

また、ほしいと思ったら、すぐに店にアクセスするのではなく、買う前に少し考える時間を取るために書く「30日間待つノート」に書きとめることを続ければ、きっかけに対して別の行動を習慣づけることができます。

ポイント⑩ 挫折したときの立て直し方

買わない挑戦をしていても、ちょっとしたことがきっかけで、衣類や本、雑貨を大

量に買ってしまうことがあります。そんなとき、「もうだめだ」と総崩れにならないようにしましょう。リバウンドは誰にでもあることなので、少しくらい失敗するのは想定内ですし、大した問題ではありません。問題なのは、そのままずるずると元の「たくさん買ってしまう暮らし」に戻ることです。

失敗したら、「失敗は誰にでもある」と考え、過度に自分を責めないようにします。実際、何事にも失敗はつきものですし、失敗しない限り、成長はありません。

次に、なぜ買わない挑戦をしたのか、目的をもう一度確認します。**どんなことも、やっているうちに、手段と目的が入れ替わることがあります。買わない挑戦中は買わないことが最優先事項になりがちですが、本当の目的は買い物習慣を変えることです。**

買わないのは手段にすぎないのですから、もしうまくいかなかったのであれば、やり方をちょっと変えるとか、別の手段を用いるなどすればいいのです。

「ちょっと無理をしすぎていた」「実現不可能な目標を立てていた」と気付いたら、もっとハードルを下げて、ゆるめの挑戦に変えてください。そしてまた始めます。

3

衝動買いを防ぐためにできること

無駄遣いの原因はたいてい衝動買いです。買い物習慣を改めるために、衝動買いは特に意識して、防ぎましょう。

先に書いた、買わない挑戦を成功させるコツ（買わない生活をする目的の確認、買うきっかけの分析、所持品の見直しと死蔵品の活用など）を踏まえた上で、さらに次の対策を施すと効果的です。

リアル店舗の場合

対策❶　むやみに店に行かない

買いたい物があるときだけ、店に行きます。ただなんとなく、ひまつぶしのために、店に行くのではなく、目的があるときだけ入店します。

対策❷ 買い物リストを持参する

あらかじめ買うものをリストアップします。紙でもスマホを使ってもかまいません。リストを書けば、買う目的を確認できます。また、書いている段階で、ニーズ（必要なもの）とウォンツ（ほしいもの）を識別することもできます（ニーズとウォンツについてはパート3の最後で詳しく説明します）。

リストを持たずに店に行くと、たとえ多少の心づもりがあったとしても、まったく考えていなかったものに心を奪われて、買ってしまうことが頻繁に起きます。リストなしで買い物に行くことは、丸腰で戦いに向かうようなものです。

リストがあれば、目的がはっきりわかっているので、店内で気が散りません。紙に、「食パン、牛乳、単4の乾電池2個」とあれば、それらを買うことが、これから自分が店に行って達成すべきミッションです。「これ以外のことはしなくてもいい」とわかっていると迷わないので、心の負担が軽減し、余裕をもって買い物できます。

やるべきことがはっきりしていると、ほかの物に気を取られず、さっさと買い物をすませることができ、時間も大幅に節約できます。

家にあるのにダブって買ってしまうとか、必要な物を買い忘れるというミスも、買いすぎも防げます。

もちろん、店舗ではリストにある物だけを買ってください。**どうしてもほしいものがあったら、メモしておいて、いったん自宅に帰り、新たにリストに書いて、次回、買うという行動を徹底すると衝動買いが減ります。**

店に行く前に、ほんの数分、リストを書くのに費やすだけで、お金と時間の無駄を防げるし、満足度の高い買い物をすることができます。

対策❸　長居しない

店舗の中にいればいるほど余計な物を買ってしまうので、目的の買い物が終わったら、さっさと店を出ます。

実際に商品を見て触っていると、ほしくなってしまうのが人の常。しかも店内には、目玉商品やカラフルなポップ広告、試食コーナーなど、買わせるしかけがあちこちに仕込まれています。**ひまつぶしなら、店の中でせず、近所の公園や休憩所でしてくだ**

さい。

買い物する時間を、あらかじめスケジュールに入れておくと、店やショッピングモールの中で、ダラダラしなくてすみます。

対策❹　買う前によく考える

「買い物リストに載っていない物だけど、必要なことに気付いたから買おう」、こんなときもあるでしょう。その際は、買う前によく考えてください。**リストを書いているときは必要だと思っていなかったのに、店で見たら必要だと気付いたのはなぜか？**

私は、何かがほしくなったら、「昨日は必要ではなかったし、この商品の存在すら知らなかった。それなのに、なぜ突然、今日ほしくなったのだろう？」と考えることがよくあります。

対策❺　平常心のときに買い物に行く

なるべく平常心のときに、買い物をします。すごくイライラしているときやストレスでいっぱいのとき、逆に、ボーナスをもらって気が大きくなっているときなど、感情が大きく揺れ動いているときは、冷静に買い物をすることが難しいものです。

おなかが空いているときに食品を買うと、買いすぎてしまうので、何かヘルシーなスナックを食べてから出かけてください。

ネットショップの場合

いつでもどこでも、簡単に買い物ができるネット通販。次のポイントを押さえて衝動買いを防ぎましょう。

ポイント❶ 店舗から来るメールはすべて停止

ショップの宣伝メールの配信をすべて停止します。新製品や値下げ商品など、お得な情報満載（に見える）メールがきっかけで買ってしまうことが多いもの。メールを見なければクリックしません。

ソーシャルメディアで企業や店舗をフォローするのも控えめに。「この店をフォローしないと、生活ができなくなる」、そんな店舗だけに絞ってフォローしましょう。

ポイント❷ インターネットを見続けない

店舗に行かないことが実店舗での衝動買いを防ぐのに効果的であるのと同様に、ネットショップも、サイトにアクセスしなければ、無駄な買い物をしません。

うっかりネットショップを見てしまわないために、無目的なネットサーフィンはやめます。目的があるときだけ、スマホを触ってください。

ポイント❸ 送料無料サービスは無視する

一定の額の買い物をすると送料無料になるサービスをしている店舗がありますね。

送料無料サービスを受けるために買う物は、買い物の動機が「本当に必要だから」ではなく「送料を合わせるために必要だから」となり、失敗する可能性が上がります。

送料を無料にするために、今、どうしても必要な物ではなく、「今、買わなくてもいい物」や「別に買ってもいいかもしれない物」をかごに入れてしまいます。

ネット通販で送料を払うのは当たり前だと考えてください。あなたは店に行かず、誰かが自宅まで届けてくれるのですから。

自分が持ち帰る代わりに、誰かが倉庫から指定の商品を取り出して梱包し、その荷物を宅配便のドライバーが運んでくれます。輸送代も人件費もかかるわけですから、送料を払うのは当たり前。しかも、日本の通販会社は、異様に配達が早いです。

必要なものだけを、必要なタイミングで買うことを忘れずに。

ポイント❹ 店にアクセスする前にリストを用意

実店舗での買い物同様、インターネットで買うときも、先に買う物リストを作ってからアクセスします。「お気に入り（ウィッシュリスト）に入っているからいい」と思うかもしれませんが、お気に入りに入《はい》っているものは、「ほしいもの」や「いつかお金ができたときに買いたい物」であり、本当に必要な商品ではありません。

ポイント❺ 目的の品物をかごに入れたらすぐ会計

これも実店舗同様、目的の品物をかごに入れたら、即会計して、ネットショップのサイトを閉じます。あれこれ見ているとほしくなります。

ポイント❻ リサーチと買い物は分ける

買い物はリサーチとは別の機会にしてください。

インターネットでは、たくさんの情報にアクセスすることができるため、ダラダラとリサーチして、決められず、疲れてしまうことがあります。そんなときに買い物をすると、判断力が鈍り、うっかりいらない物を買ってしまいます。

どの商品にしようか絞り込んだり、値段を比べたり、レビューを読んだりするのは、リサーチの時間を設けて、その中でします。そして、買う物が決まったら、リストに書いておきます。

ポイント❼ おすすめは無視する

大手のネットショップでは、商品の下のほうに「この商品を買った人はこれも買っています」とか「これとこれを合わせて買うのがおすすめです」と教えてくれます。

一緒に買うと便利そうな物を教えてくれて、助かることもありますが、おすすめに出てくる商品は、自分のリストに載っていないはずです。

ポイント❽ 買い物のハードルを上げる

衝動買いを減らしたいなら、できるだけ買い物のハードルを上げてください。

店舗は、消費者の便宜を図っていろいろなサービスを提供していますが、こうした「買い物が便利なサービス」を使うと、余計な物を買ってしまいます。

ハードルを上げる例：
- ショップにクレジットカード情報を登録しない（そのつど入力する）
- アプリを使わない
- 定期購入を利用しない
- ショップをブックマークしない（そのつど検索してアクセスする）

ポイント❾ 繰り上げるクセをつける

「2780円」とあったら、繰り上げて「あ、3000円なのね」と思うようにします。2700円、2500円、2000円、とは思わないでください。

価格を見るたびに、毎回、繰り上げていると、そうすることがクセになります。2499円の品物があったら、2500円、もしくは3000円です。

99円、78円、780円のように、半端な値段をつける店が多いですが、そのほうが値段が安く感じられて、消費者の購入が進むからです。

半端な値段にしたら、事務手続きやデータの入力が大変になるはずですが、その大変さをおぎなって余りあるほど、99などで終わる価格は売上に貢献するのです。

3300円や4400円のように、一見、細かくない数字のときは、「2本まとめて」とか、「セットで」という売り方が多いです。

私が利用しているオーガニックフードの店も、12ドル99セントとか、6ドル57セントのように、細かい値付けをしています。そこで、家計簿につけるときは、すべて繰り上げて、13ドル、7ドルと書き、合計だけリアルの数字を書いています。「だいたいの数字がわかればいい」という人は、合計も繰り上げて書けばいいでしょう。

ポイント⑩ 煽《あお》られない

ネットショップにアクセスすると、いろいろな写真や文字が出てきます。こうした表示は冷静に見てください。

白抜きの赤文字で、「送料無料‼」「今だけ2780円」「今だけ40％引き」などと書いてあることが多いです。「今だけ」と書いてあると、「このチャンスを逃すべきではない。買わなければ」と思いがちです。

しかし実際は、「今だけ40％引き」の商品は次々と供給されます。今だけしか存在しないのは、今、自分が使っているその時間だけであり、時間のほうがよほど貴重です。

実店舗でもネットショップでも、目的意識を持って買い物をすることを心がければ、無駄な物を買わずにすみます。

4

「安売り」「セール」に飛びついてしまう心理

もっとも無駄遣いしてしまうのは商品の値段が安くなっているときではないでしょうか？　買い物習慣を変えたいとき、注意すべきなのはセールです。

セールとうまく付き合うことができれば、それだけで失敗を減らせます。

では、ここで、セールで買ってしまう理由を6つ挙げます。

理由①　セールで買うのはお得だから

「値段が下がっているときに物を買うのは、とてもお得なことなんだ」

こんな思い込みがあると、セールの利用が増えます。

「物の価格が高いものほど価値がある」と思っていると、元値からいくらか値引きされたものを見ると、「高い価値のあるものを、安い値段で買える」と考えがちです。

「先日まで2万円だったジャケットが、今日はセールで半額。100％の価値のある物を50%の価格で買えるのは、とてもお得」だと思ってしまうのです。しかし、物の値段と価値は同じではありません。確かに、値段の高い物は質がいいかもしれません。けれども、買っても使わなかったら、質の良し悪しなんて、まったく関係ないのです。

使わない物の価値は、自分にとってはゼロです。価値がないどころか、ガラクタになり、あとで処分に悩むし、「またセールでしょうもない物を買ってしまった」と後悔してセルフイメージが悪くなるので、その品物の価値はゼロ以下と言えます。

「使わなければ、物の価値を引き出せない」と考えれば、セールで買うことが必ずしも得ではないと納得できるでしょう。

理由② チャンスを逃して買いそびれたくないから

「クリアランスセール」や「現品限り」という文字を見て、浮き足立って買ってしまうとしたら、その商品が売り切れて買えなくなることを恐れているのかもしれません。「この値段で買うチャンスを失いたくない」と思ってしまうのです。

こう考えているときは、買い物をすること、つまり必要な物をお金と交換して手に入れることではなく「チャンスを逃さないこと」に意識が向いています。しかも、そのチャンスは、自分が頭の中で勝手に作っただけの「めったに訪れない好機」なのです。

よく考えてみれば、日本の店舗は、毎月、何かしらのセールをしています。洋服のセールが多いのは12月、1月、6月あたりですが、ほかの月でも売れ残り品や仕入れすぎてしまった在庫品を安売りしているし、客寄せのために、最初からセール品として用意していたものを売っていることも多いでしょう。

今回のチャンスを逃しても、同じようなチャンスはあとからあとから出てきます。

家にセールで買った服があり、持て余しているのなら、「チャンスだ！」と思っていたタイミングは、別にチャンスでもなんでもなかったことになります。

理由③ 人に取られたくないから

お値打ち品を勝ち取る、バーゲン会場で他人に勝つ。これがゴールになっていると、やはりセール品を無駄にたくさん買ってしまいます。

大きなバーゲン会場では、品物を奪い合う光景が見られます。「一番のお値打ち品を、ほかでもない、私が勝ち取るのだ」という競争心の強い人がたくさんいるからです。

バーゲン会場で他人を押しのけて買うことに熱くなる人は、間違いなく、足りないマインドの持ち主です。このマインドセットが強すぎる人は、いくら物を買い集めようと、セール品をゲットしようと、心は満たされません。

セールでゲットしたものを勲章のように人に見せびらかす人も（リアル、インターネットにかかわらず）、足りないマインドに支配されているのかもしれません。セール品を獲得して自慢することより、買った物をちゃんと使いこなすことが重要です。

理由④ もっと安い物がほしいから

何かが必要だから買い物に行くはずなのに、セールでは、何かを安く買うことに意識が向いてしまいます。すると、値下がり幅の大きい物が魅力的に見えます。

大幅な値引き品を手に入れることを最優先すると、必要な物や買いたいと思っていた物を買い損ねることすらあります。物を選ぶ基準が、「もっとも値段の安い物」「もっとも値下がりしている物」になってしまうからです。

もちろん私も、買い物をするとき、いくつか種類があるうちで迷ったら、一番安い物にすることはあります。しかし、「ほかの条件がほぼ同じなら、安いものがよかろう」と考えてのことです。この場合、必要な物を買う、という基本線は外していません。

セール会場では何もかもがすごく値下がりしているため、「節約したい」という目で見ると、どれもこれも、自分の節約生活に貢献する物のように見えてしまいます。

節約を頑張りすぎていると、買えないストレスがたまるので、「普段、すごく頑張っているから、たまには買ってもいいよね。こんなに安いんだし。買わないと損、損！」と、たがが外れて買いすぎるものです。

セールは、ほしいと思っていた物や必要な物を買う場所です。「できるだけお金を使わないこと」に焦点を当てるのではなく、むしろ、「ほしい物のためにちゃんとお金を使うこと」に意識を向けたほうが、失敗がないでしょう。

理由⑤　せっかく来たから、買わないと損だから

「わざわざセールに来たのだから、何も買わずに帰るのは、なんとなく損だ」と考え

る人もいます。そして、さほどほしくもないのに何かを買って帰ります。私も、若い頃、デパートや東急ハンズにセール品の入ったワゴンがあると、気に入ったものを見つけようとバッグやポーチをほじくり返すことに時間をかけることがよくありました。「せっかく、セール品のワゴンに行き合わせたのだから、買って帰らなければ損だ」と、ぼんやり思っていたのです。「ここまで来るのに時間や手間、交通費を使ったから、それを無駄にしたくない。埋め合わせる何かを買って帰るべきだ」と考えていました。

たまたま、セール品に遭遇しただけなのに、なぜ損だと感じるのか？

私も、「セール品はお得だ信仰」の持ち主だったからです。「安くなっているから、買わなければ損」だし、「わざわざ来たのに、買わないのも損」だと思っていたのです。人間、誰しも損をすることに敏感ですが、私は、人一倍、「損はしたくない」という気持ちの強い、足りないマインドで生きていました。

かつての私のように、「損をしたくない」「元を取りたい」という発想をする人は、セールで無駄な物を買いがちです。「元を取ろう」とあがいた結果、さらにお金を失うのはよくあることです。その後、不用になってしまって、ずっと押入れにしまい込み、場所や管理の手間というコストを支払うことはよくあります。

セール会場でも普通の店舗でも、ネットショップでも、ほしい物がなかったら、何も買わずに帰ってもかまわないのです。「ウィンドウショッピングを楽しんだ」「気晴らしをした」「市場リサーチした」と思えばいいだけです。

「今、必要だから」という理由以外で、無理やり何かを買っても、使いこなせないのは目に見えています。そうした物が、家の中でどんどん死蔵品になっていきます。

理由⑥ ほかの人も買っているから

「買わない挑戦」の項目の買い物のきっかけとしても挙げましたが、人は、他人の行動に強い影響を受けます。セール会場では、誰もが買う気満々で商品を見ており、実際、どんどん買い物かごに入れたり、買ったりしています。こうした「買え！ 買え！」という雰囲気に乗せられると買い物に拍車がかかります。

これはリアル店舗だけではありません。最近はネットの店舗も、「残り◯◯個」と在庫の数をカウントダウンし、「今、◯◯が売れました」とわざわざ教えてくれ、「この商品を買った人は、こちらも買っています」と、別の商品を表示します。注文状況を見せている店舗もありますね。

他人の買い物状況を表示するのは、そうしたほうが商品が売れるからです。売れ筋を見せるランキングがあるのも、そのせいです。

こうした表示を見ると、「買い物をしているのは自分だけじゃないんだ。私も買っていいんだ」と思うし、先にも書いた「負けたくない」という闘争心が刺激され、「私も買わなければ。早く買わなきゃ売り切れる」と思って、買い急ぎます。

「セールで物を買うのはだめだ」とは言いません。賢くセールを利用している人も大勢いると思います。けれども、必要な物は定価でさっさと買ったほうが、結局は、時間もお金も無駄にならないものです。

これまで私は、たくさんの不用品を手放しましたが、「安いから」という理由だけで、衝動的に買ったものがずいぶんたくさんありました。

5 意識的に買うようにする

衝動買いや安物買いを抑える基本は、意識的に買い物することです。何も考えず、欲望のまま突っ走って買わないように、日頃気をつけたほうがいいことを紹介します。

心がけるべき5つのこと

❶ 収支を把握する

収支の把握をし、計画的にお金を使います。月々、収入がいくらあり、そのうち、何にどれだけ使っているのか、ざっくりでいいので把握してください。

私は、数字がきらいで、長らくお金の管理をちゃんとしていなかったし、今も決して、細かくチェックして節約しているわけではありません。ですが、自分なりに日々の収入と支出の記録をつけ始めたら、貯金ができるようになりました。

これまで、お金の流れに無頓着だった人は、数ヶ月、ログを取るだけでも、キャッ

シュフローに意識が向きます。

何にお金を使ったのか知るためには、なんらかの記録やデータが必要です。ノートでもスマホのアプリでも、やりやすい方法で試してください。

❷ ポイントを絞る

満足度の高い買い物をするために、自分が一番大事に思っていることに、お金という貴重なリソースを使ってください。

パート２を参考にして、自分が大事にしたいものや、理想の生活を見つけ、そうした生活に近付くようにお金を使うといいでしょう。

かわいい雑貨を見つけて衝動的に買うと、たしかに、そのときはハッピーです。しかし、その喜びは長続きしません。長期的な視野に立って、お金の使い道を考えてください。

❸ 健康的な生活を送る

何を買うときでも、ある程度体調がよく、平常心でいるときにするのがベストです。疲れているとき、ストレスを感じているとき、さまざまな理由で自分のエネルギーレベルが低いとき、動揺しているときは、買い物の失敗が増えます。

気持ちに余裕がないと判断力が鈍るし、マイナス感情でいっぱいのときは、ストレスを解消したくて、買い物をしてしまいます。

生活が乱れていると、お金の使い方も乱れるので、生活を整えて、健康でいる努力をします。といっても、ごく普通のことをするだけです。

しっかり休息や睡眠を取って、身体にいいものを食べ、定期的に運動し、イヤなことがあっても暗い気持ちをひきずらないようにし（気持ちを紙に書き出すのがおすすめ）、どんなに忙しくても、好きなことをしてリフレッシュする時間を取ります。

現代は忙しい人が多いのですが、予定を入れすぎないで、ゆったり暮らすほうが買い物で失敗しません。

❹ 買う前に考える

衝動買い防止の項目でも書きましたが、「買い物日記」「30日間待つノート」「買い物メモ」などを利用して、買う前にちょっと考える習慣をつけます。

「あ、ほしい！」→「買う」の間にワンクッション入れて、「本当に必要か？」「今日買わないとだめなのか？」「買わずにすませる方法はないか？」などと考えるクセをつけると、無駄遣いしないですみます。

❺ クレジットカードを使いすぎない

クレジットカードは便利ですが、使いすぎるおそれがあるので、取り扱いに注意してください。現金で買い物をすれば、お金がなくなった時点で、買えなくなります。**クレジットカードは、その不可能な買い物を可能にしてしまうのです。カードをたくさん使うことがクセになると感覚が麻痺します。**

新型コロナウイルスの問題が出る前は、私は食品と日用品は現金払いをしていました。そのほうが、お金を使う痛みをしっかり感じるし、お金のある・ないがリアルに体感できるので、使いすぎません。

残念ながらこの文章を書いている今は、私もほとんどカード払いですが、カードを使ったときは、必ずノートに金額を書いて、預金残高から引き、支払ったあとの金額を書き記しています。こうしておくと、カードを使いすぎないし、支払いが引き落とされたあとに、ショックを受けることもありません。

カード払いと現金払いを併用している人は、カードを使ったら、財布からその分のお金を出してとりのけ、ネット通販でカード払いをするときは、その分のお金を財布から出して、注文するといいでしょう。

6

ニーズとウォンツを把握する

私がお金の管理を始めたとき、ニーズ（needs　必要なもの）とウォンツ（wants　ほしいもの）の区別をしました。この2つをしっかり分けて、手持ちのお金は主にニーズの購入に使い、ウォンツを買うのはほんの少しにすることを心がけています。

ニーズとウォンツを分けることを意識すると、無駄遣いが減りますので、私の分け方を詳しくお伝えしますね。

不用品を捨てて、物と心の整理をしていくと、この作業をしやすくなります。

ニーズとウォンツの区別をつけるために私はお金の使い道を次の3つに分けました。

1. 生きるのにどうしても必要なもの（ニーズ）
2. 生活するために持っているべきもの（ニーズとウォンツの中間）
3. ほしいもの（ウォンツ）

なかには、ニーズなのかウォンツなのかよくわからないものもあります。生きるのにどうしても必要なわけではないけれど、それがないと著しく生活しにくくなってしまうものです。洗濯機なんかがそうですね。

こうしたもののために「持っているべきもの」というカテゴリーも作りました。

自分のお金は、①と②を買うことに使い、③は、楽しみとして、少しだけ使います。生きていくのに必要なものを中心に購入し、「ほしいだけのもの」はあまり買わないわけです。

実際は、そんなにスッキリとはいかず、ウォンツにもお金を使ってしまうことが多々ありますが、意識しているのとしていないのとでは大きく違います。

人が生活するのに必要なものは、限定されると思います。ところが、ほしいものは、どこまでも無限です。「ほしいな」と思ったものを後先考えずに買っていると、お金がいくらあっても足りません。

月々実際にお金を払っているものや、すでに自分が持っているものを、「必要なもの」「持っているべきもの」「ほしいもの」に分類したところ、こんなふうになりました。

お金を払っているものや持っているものを書き出してみたら……

生きるのにどうしても必要なもの（ニーズ）

●住む場所（自分の身の回りの物を置き、寝起きする場所、お風呂つき）
●食べ物、水、暖房　●最低限の衣類、履き物など
●仕事　●健康保険、社会保険など　●最低限の食器　●最低限の寝具
●ボールペン1本とノートかメモ帳　●老眼鏡
●必要な物を入れる最低限の家具や入れ物
●持ち物や自分をメンテナンスするための物（歯の手入れに使うものなど）

生活するために持っているべきもの（ニーズとウォンツの中間）

●パソコン（仕事に使用）
●スマホ（なくても生きられるがあると非常に便利）、インターネット
●プリンタ（仕事に使う）
●机の上に乗っているライト（夜使う）
●仕事に必要な書類や書籍
●フランス語の辞書や本とか（これは人生を豊かにするための趣味のグッズ）
●塗り絵本と画材（これも趣味のグッズ）
●銀行口座、クレジットカード、パスポート
●置き時計
●フィットビット（活動量計、万歩計、健康管理に使う）
●ミニトランポリン（これも健康維持のため）
●ドライブラッシングに使うブラシ
●精油（エッセンシャルオイル。健康管理に使う）
●バッグ、財布、ジョギングシューズ

ほしいもの（ウォンツ）

そのほか、自分が持っている物すべて

こんなふうに自分なりにリストを書いてみると、もっと意識的に買い物できます。**何かほしいものが出てきたとき、すぐに買わず、「これはニーズかな？　それともウォンツかな？」と考えてみてください。別に、ウォンツでも買ってかまいません。それが、ニーズなのかウォンツなのか、考えてみるところに意義があります。**

必要なものは、皆、ほとんど同じではないでしょうか？　持病があって薬がいるとか、目が悪いからメガネがいる、といった違いはあるでしょうが。

持っているべきものは個人差があります。たとえば、公共交通機関がないところに住んでいるなら車が必要でしょう。

ニーズとウォンツはまめに見直す

いったんリストを作っても、ニーズとウォンツの区別は時々見直してください。以前必要だったものが、この先もずっと必要だとは限りませんから。

たとえば、寝起きするところは、誰にでも必要です。しかし、それが、今住んでいる場所であるべきかというと必ずしもそうではないでしょう。必要以上に広いスペースは、「必要なもの」ではなく「ほしいもの」になります。

一部屋まるまる不用品置き場になっていたら、これは「必要なもの」ではないですね。いらない物を置くためのスペースですから。

「持っているべきもの」は、「必要なもの」より、さらに見直しの余地があります。ずっと車に乗っているけれど、よく考えたら自転車で充分対応可能だと思うかもしれません。

このように、「必要なもの」「持っているべきもの」のリストを客観的に検討して、少しずつ精度を上げていくと、今より満足度の高い買い物ができるようになるでしょう。

「必要なもの」と「ほしいもの」をきっちり分けるのはそんなに簡単ではありません。特に「持っているべきもの」で、考え込んでしまうことがあるでしょう。

ですが、この分類分けに、正解はありません。目的は、正しい判別をすることではなく、より理性的に、必要性をもとにして買い物できるようになることです。

ニーズとウォンツの確認をすると、お金をうまく使えるだけでなく、ガラクタも増えないので、一石二鳥です。

Part

4

物を捨てて買わない暮らしへ

1

「捨てる」には、こんなメリットがある

パート3で、衝動買いを防ぐために手持ちの物を見直すことをおすすめしましたが、このとき、もう使わない物やいらない物を探して手放すと、今後は無駄遣いをしなくなります。

無駄な買い物に気付く

不用品をよく見ると、すべてが、しっかり使い切った物ばかりではないことに気付くでしょう。買ったときのみ数回使って、そのままどこかにしまいこんだ物や、買っただけで、まったく手つかずの物も見つかると思います。

「使おう」と思って買ったのに、実際は使いこなせなかった物が、家にたくさんあるのを見れば、誰でも過去にした買い物の失敗に気付きます。

そうした物が大量に出てくれば、今後はもう少し気を付けて買う気になります。大

量の不用品を出すことはゴミを増やすことだから、環境にもよくありません。

安易に買わなくなる

物を捨てると、スッキリ身軽になれると言われますが、捨てている最中は、けっこうつらいものです。

パソコンやスマホが古くなったから新しい物を買ったのに、古いほうをそのまま持っている人はたくさんいます。「新しいのが壊れたときのために」とか、「持っていれば、何かに使えるかもしれない」と捨てない理由を口にするでしょう。

しかし、それは口実にすぎません。本当は、捨てるのはしんどいし、捨て方を調べるのも面倒だし、そのまま持っているほうがずっと楽だから捨てないのです。

この心理的なハードルを越え、時間や手間をかけて、不用品を捨て続けていると、「こんなことをするのは、もうイヤだから、これからは買う前によく考えよう」と思います。

自分の好きなものがわかる

衣料品や化粧品を片付ける際、残す物、残さない物を決めなければなりません。どちらにするか考えているとき、自分の好みがわかります。

「こういう傾向のものは、結局使わないんだな」「この色は好きだけれど、実際には着ないな」「ほかのアイテムと合わないな」。こんなふうに、いろいろ気付くので、今後、店でそうした商品が目にとまっても、「でも、多分着ないな。使わないな」と、買うことに自分でブレーキをかけます。

タンスやクローゼットに、よく着る服もあまり着ない服もいっしょくたになってどっさり入っていると、「私は全部好きだし、どれも必要なんだ」と思いがちです。

すべて自分の好みが反映された大事なものだと感じますが、これは錯覚です。

どんな物も長年持っていると、愛着がわき、持っているのが当たり前になってしまうだけ。さらに私たちには、いったん何かを所有すると、その品物が必要以上に価値があると思ってしまう、「授かり効果」と呼ばれる心理的な傾向があります。

一度、要不要を検討してみると、好きなもの、嫌いなもの、必要なもの、必要でないものがあるのだとわかるでしょう。

適正量がわかる

衣類を捨てていると、同じような服がたくさん出てきます。黒いトップスが何枚もあったり、似たようなデザインのスカートが何着も出てきたり。靴やバッグも、似たものがたくさん出てくるでしょう。

よく似ていて使っていない物がいくつもいくつも出てくれば、「こんなにはいらなかった」「もっと少ない数で充分だ」と気付きます。

「適正量がわからない」と思ったら、実際に使い切る挑戦をするのもおすすめです。すべてを使おうとすると、けっこう大変ですよ。

昔、私は懸賞でスキンケア商品のサンプルをもらいすぎたことがあります。捨てるのはもったいなかったので、すべて使い切ることにしました。顔に塗るだけでは、使い切れそうになかったので、手足も使って、来る日も来る日も、全身にサンプルを塗りたくっていましたが、なかなか減らず、しんどい思いをしました。「あ〜〜〜、こんなにもらっちゃって、私って馬鹿だ」と自分の行動を後悔したことは言うまでもありません。

買い物の傾向に気付く

せっせといらない物を捨てていると、自分の買い物のクセや傾向が見えてきます。中途半端に余っている衣料品や雑貨の大半は、セール品かもしれません。送料無料にするためだけに買った雑貨もあるかもしれませんね。

このような物をひとつひとつ見ていくうちに、「こんな買い方のクセがあるから物が増えてしまったんだ」と自覚し、今後の買い方が変わります。

私は、福袋を買うのが好きでしたが、中に入っていたセーターや財布、バッグなどをあとになってたくさん処分しました。「今ひとつ、好みではない」という理由もありますが、そもそも、すでに使っている物があったので、すべては余剰品だったのです。

所有欲がなくなる

棚や押入れにびっしり詰まっていた不用品を捨ててスッキリさせると、同時に心の中も片付いていきます。物を買うことや管理することに使っていた時間やエネルギーが浮くので、気持ちの余裕も生まれます。すると、もうあまり買い物したいとは思わなくなるでしょう。

なぜなら、先にも書いたように、買い物をする大半の理由は、感情的なニーズを満たすことだからです。暮らしをシンプルにすると、気持ちが落ち着き、豊かな気分になるし、好きなことを楽しめるので、あれやこれやほしいと思いません（本当ですよ）。

捨てながら自分と向き合い、本当にやりたいことをする生活は、とても満足度の高いものです。物にコントロールされる生活ではなく、自分が主体的に物を使う生活になるから、自信も生まれ、外野の声にまどわされていらない物を買うこともなくなります。衝動的に物を買い、そのときだけお手軽にいい気分になる生活から、しっかり卒業できるのです。

2

「捨てる」ことが節約になる

「不用品を捨てることはもったいないことだ、高いお金を出して買った物を捨てるのはお金をドブに捨てることだ。断捨離は、金持ちのぜいたく」

こう考える人が多いのですが、いらない物を全部捨てて生活をリセットすると、むしろお金を節約できます。

前項に書いたように、物を捨て、シンプルに暮らすと、無駄遣いや衝動買いをしなくなるので、これまでより、ずっとお金が残ることは、わかっていただけるでしょう。

ほかにも、次の理由から、物を捨てることは節約につながります。

維持するために使っていたリソースが浮く

不用品を捨てると、物の管理に使っていたリソース（時間、体力、精神的エネルギー、スペースなど）が浮きます。浮いたリソースを別の活動に使えば、所得が増えます。

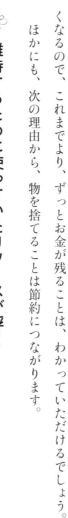

物をため込んでいる間は気付きにくいのですが、物を所有すると、どうしても管理に時間とお金を使います。ろくに着ない服を毎年、クリーニングしたり、物を入れるためだけの物（収納家具や雑貨）を買ったり。

物を置く場所にもお金を使っています。レンタルスペースを借りれば月々お金が出ていくように、自宅に死蔵品をため込むと、使わない物のために、住宅ローンや家賃、固定資産税を払い続けることになります。

収納本を読んだり、収納術をチェックしたり、学んだりすることにも、お金や時間を使います。物が減れば、こうした面倒なことに使っていたリソースを別のことに振り分けることができます。

空いた時間と体力を使って、パートなり副業なりをして収入を増やせば、大きな節約になります。物を置いていたスペースがいらなくなるので、今より小さな家に引っ越すこともできます。すると、家賃も光熱費も少なくてすむので、これまでより、お金が残ります。

私は、6年前に引っ越しをしましたが、以前より、ずっと小さい家に引っ越したので、便利な場所に移ったにもかかわらず、家賃や光熱費は下がりました。

時間や心の余裕があれば、より丁寧にお金の管理をすることもできるでしょう。食事を手作りする余裕が生まれれば、外食やデリバリーのお金を使わなくてすみますね。

こんなラッキーも……

片付けをしているときに、物の中に紛れ込んでいたお金や金券を見つければ、そっくりそのまま臨時収入になります。

「そんなにうまい話があるのかしら」と思うかもしれませんが、**不用品を捨てているとき、現金や金券を見つけることは珍しくありません**。

2018年の夏、アメリカで、グッドウィル（人が寄付した物を格安で売っている店。スリフトショップ）の店員が、電気フライヤーの中に入っていたアルミホイルの包みの中から4万6000ドル（509万円くらい）の現金を見つけました。

2018年の1月も、カナダのバンクーバーのバリューヴィレッジ（同じくスリフトショップ）の店員が、寄付品であるバッグの中に85000ドル（およそ700万円）の現金が入っているのを見つけました。封筒の中にキャッシュ（わりと古いお札）で入っていたのです。

これに類したことはよく起こっています。ブログの読者の中には、10万円以上、出てきた人もいますし、古い商品券やテレホンカードを見つけた人もいます。

私自身も、家を出た娘が置いていった本を整理していたら、本の間から、40ドルがはらはらと落ちて来たことがあります（娘に連絡して、本人に返しました）。

お金だけではなく、なくしたと思っていた物が出てくることもよくありますよ。

不用品を売る

まだ市場価値がありそうな不用品を、フリマアプリで売れば、ちょっとしたお小遣いになります。インターネットやスマホがある今、普通の人が、手軽にほかの人に不用品を売ることができるようになりました。古本など、中古品を買い取ってくれる業者もたくさんいて、無料で査定してくれますし、宅配便を使って、簡単に送るシステムを採用しているサービスもたくさんあります。

私自身は、いらない物は、ゴミのような物でない限り、全部寄付してしまいますが、日本に置いてきたレコードやカセットテープは、母がリサイクルショップに売り、「思ったよりお金になった」と言っていました。

ダブりを買わなくなる

不用品をきれいさっぱり捨てて、必要な物だけでスッキリ暮らせば、どこに何があるのか、ちゃんとわかるため、すでに持っている物をダブって買わなくなります。

よって、その分のお金が浮きます。

残したものひとつひとつを大事に使うようになるので、買い替えまでのタイミングも長くなるでしょう。

セールで何かを買って、「得した」と思っていても、それを使わないなら、どんなに安く買っても、支払ったお金は無駄になります。30％引きでお得な品物も、買わなければ100％引きです。必要な物しか買わない暮らしは、たとえ定価で買っても、長い目で見ると、お金の残る暮らしです。

シンプルに暮らせるようになると、「これまで必要だと思っていたけれど、別に使わなくてもいいいな」と思うものがいろいろと出てきます。日常、使うアイテムを少なくすれば、買い物の手間も商品を買うお金も浮きます。

「物を捨てるのは損だ」と思ってしまうのは、すでに使ったお金に未練があるからです。「買ったときの値段が高かったから」と言って、不用品なのに捨てるのをためらうことがありますが、そのまま捨てずに、押入れやタンス、クローゼットにずっと入れておいても、支払ったときのお金は回収できません。

「そこに置いておけば、いつかお金にできるんじゃないか」と期待してしまいますが、お金にできるものなら、とっくにしていたでしょう。「もったいない」というのは、捨てたくないから思いつく都合のいい口実にすぎません。

物は使ってはじめて価値が生まれます。本当にもったいないのは、使わないものを、いつまでも家の中に置いておくことです。

3

こうして大きな余裕が生まれる

物を捨てると節約できるからくりを、車と家について考えてみましょう。

車を手放す

車は便利ですが、あまり乗らないなら手放してしまったほうが経済的です。自家用車を手放して、自転車や公共交通機関を使うようにすれば、さまざまな恩恵があります。

まず、交通費が劇的に下がります。車の維持費や車両保険、自動車税、車検の費用、駐車場代、ガソリン代などの支払いがなくなりますから。バッテリー、オイル、タイヤなど消耗品に回すお金も使わずにすみます。

もちろん、車両本体を買うお金、またはリース代も浮きます。駅のそばに引っ越して車を手放せば、たとえ家賃が上がっても、長い目で見ると経済的ではないでしょうか？

物をあまり持たない生活にもなるでしょう。車で買い物に出ると、余計な物を買う可能性が上がります。たくさん買っても持ち帰るのが簡単なので、買いすぎてしまうのです。

新型コロナウイルスの感染防止のために、現在、私は食品を配達してもらっていますが、以前は、いつも徒歩で買い出しに行っていました。たくさん買えば、帰りの荷物が重くなり、自分がしんどいだけなので、持てる量のみ、少なめに買っていました。車がないほうが、余分なストックを持たないので、この点でも節約につながります。

車を所有しないと歩く機会が増え、足腰が丈夫になります。車を持っていると、どこに行くにも車を使いがちです。**人間は、いついかなるときも楽なほうに流れるので、電車や自転車を使うより、車に乗ってしまうのです。**

日常生活で運動できれば、わざわざ高いお金を出してジムに行く必要もありません。歩くか、誰かが運転してくれる乗り物で出かければ、ストレスも減ります。渋滞に巻き込まれてイライラすることもないし、マナーの悪い運転手や、気ままに走る自転車にヒヤヒヤすることもありません。車を買うときに、あれこれ悩む必要もありませんね。

車を手放せば、ストレスがぐんと減り、お金も大幅に節約できるのです。

家を買わずに賃貸に住む

家を買ったり売ったりするのは、車ほど気軽にできないので、最初から持たない生活をするとどうなるか考えてみましょう。

家もまた、所有物のひとつです。繰り返しますが、どんな物でも所有すれば、その物の管理に時間とお金を取られます。

家を買うと、経済的なリスクを背負います。現代は、遠くの国で起こった経済危機が、数カ月後には日本にも波及して、勤めている会社の経営が簡単に破綻する時代です。２０２０年に起こった新型コロナウイルスの問題のため、生活が苦しくなった人もたくさんいますが、こんなことが起こるなんて誰も想像していなかったと思います。

30代で35年ローンで家を買うとすると、払い終わったときは65~70歳。それまでちゃんとローンを払えるかどうかは誰にもわかりません。家を持ったら持ったで、住宅なら固定資産税、分譲マンションなら管理費や修繕費がかかります。住宅は老朽化するので、あちこち直したり、建て替えるのに想像以上にお金が出ていきます。

日本では少子高齢化が進んでいるため、総住宅数に対して、総世帯数が少なくなり、空き家が増えています。皆が長生きになったので、晩年は介護施設に行く人が増えているし、子供の数が少ないから大きな実家も必要なくなります。**つまり、苦労して買っても、あとで、いらない物となって、その管理に精神的、経済的に苦労するのです。**

マイホームを持つと、その家に縛られるリスクも生じます。家を買った時点で、今後住むところがほぼ固定化されます。もちろん、いったん買った家を売ることはできますが、家の売買には時間も手間もかかります。

そこで、たいていは買った家に住み続けるわけですが、今は、新卒で就職した会社で定年まで勤め上げるという時代ではありません。将来、自宅が職場から遠くなる可能性があるし、夫婦のうちどちらかが単身赴任になることもあるでしょう。

いずれ子供たちは大きくなり、家を出ていき、夫婦2人には大きすぎる家が残ります。この時点でまだローンの完済がすんでいなかったら、老後の生活が不安です。

さらに、ミニマリストとして特に問題視したいのは、同じ家に何年も住んでいると、いつまで経っても、不用品を捨てるチャンスが訪れないことです。リフォームすれば、それを機に捨てられることもありますが。

どんなに物をため込むことが好きな人でも、引っ越しの際は少しは物を整理して捨てるものです。持ち家を持ってしまうと、片付けの絶好のチャンスである「引っ越し」の機会に恵まれません。

「でも、家は資産になります。老後に家賃を払いながら生活するほど、みじめなことはありません」。あなたはそう言うかもしれませんね。私だって、マイホームがあれば嬉しいと思うかもしれません。ローンをすべて払い終わっていて、私が生きている間に、まったく修繕やリフォームの必要のない物件ならば。

さらに、掃除をするのが大変でない広さで、日当たりもよく、静かなところにあり、買い物をするのにも、家族が会社や学校に通うのにも、便利な場所にある家ならば。

ですが、そんな物件はなかなかないし、あったとしても私には買えません。そんな夢のような家は高額の物件です。理想通りの家を手に入れるのは難しいため、家を買うとき、人は、どこかで妥協すると思います。「通勤に片道90分かかるけど、ほかの条件はいいから、ここにしよう」というように。

ですが、通勤は毎日のことだし、そういう小さな無理や住宅ローンの支払いは、本人は気付いていなくても、ストレスとなって少しずつ心の奥底にたまっていきます。

ほかのことで、あまり気苦労がないのであれば、そのくらいのストレスがあってもかまわないかもしれません。

しかし、たいてい、職場や家庭、学校で、ほかのストレスを感じるものです。**ストレスは万病のもと。家を買わなければ、こうしたストレスを抱えることもありません。**

こんなふうに車も家も持たないほうが、ストレスも出費も少ない生活になります。衣類や雑貨、洗剤などの小さな買い物も、家や車の買い物と同じではないでしょうか？

物をたくさん持ちすぎると、その管理に追われ、半ば物にコントロールされる生活になります。抱え込みすぎてしまった不用品はどんどん手放し、必要な物だけを持つ暮らしにしたほうが、自分らしく生きられるのです。

4

それでも「捨てるのが苦手」なあなたへ

これまで書いてきたように、不用品を捨てると、いい買い物習慣が得られ、経済的な恩恵があります。かつての私のように、家の中に不要不急の物がたくさんあるわりには、銀行口座にあまりお金がない人や、お金の管理ができていない人は、一度不用な物を捨ててみてください。

「捨てるのは苦手だ」と思うなら、ハードルの低い片付けをするといいでしょう。

ひとつだけでいいから捨てる

なんでもいいので、「もういらないな」と思う物をひとつ捨てます。これを毎日続けてください。**朝一番、お風呂に入る前など、捨てる時間を決めておくと、継続しやすいです。不用品の片付けは、行動に始まり、行動で終わります。**

インターネットで見つけて印刷したレシピの紙1枚、キッチンのカウンターにずっと乗っている紅茶の缶、部屋の片隅でほこりをかぶっている雑誌、本棚のはしからはみだしている大昔のプリント、洋服ダンスのハンガーにかけっぱなしのスカーフ、食器棚にある、まったく手をつけない皿、何かに使えるかもしれないと取ってあるショップの袋。対象は、なんでもかまいません。いらない物を見つけて、さっと捨てましょう。

「紙きれ1枚捨てたところで何が変わるの？」。こうあなたは言うかもしれません。**ですが、捨てないと昨日と同じです。どんなにささいな物でも、捨てないと何も変わりません。今この瞬間に、紙きれ1枚捨てることが、1年後の未来を大きく変えます。**

「バタフライ・エフェクト」という言葉を聞いたことがある人も多いでしょう。ブラジルで蝶が羽ばたくと、巡り巡ってテキサスで竜巻が起こるように、ほんの小さな出来事が、その場所と、ずいぶん離れた場所で、別の事象を引き起こします。不用品の片付けは、小さな物を捨てる行動を何度も積み重ねることと心得てください。

ゴミを捨てる

誰が見てもゴミだと思うものをしっかり捨てます。ポイントは、「しっかり、最後まで」捨てることです。

真性ゴミの例：

- お菓子の包み紙
- 洋服についている紙タグ
- デリバリーのピザが入っていた箱
- コンビニの袋
- 買った商品が入っていたパッケージ
- プレゼントの包装紙
- インクの出が悪くなったボールペン
- つかなくなったライト
- 欠けた食器
- 古いノート
- 古い領収書

◆ゴムが伸びた下着

捨てるのに不慣れな人は、新品できれいな物（ゴミに見えない物）や、収納スペースにしまってある物まで捨てる必要はありません（もちろん、捨ててもかまいませんが）。その分、ゴミはきっちり捨ててください。まだ使えそうな不用品を、今は捨てることができない人も、いずれ捨てられるようになります。

袋を持って、ゴミを袋に入れながら部屋を1周するといいでしょう。「ゴミだけは、ちゃんと捨てるぞ」と決めて捨てれば、それだけで大きな違いが生まれます。

小さな目標を設定して実践

1日1個、物を捨てることやゴミを捨てることに慣れたら、小さな目標や計画を立てて、「捨て活動」をしてみましょう。

こんな計画を立てるのはどうでしょうか？

◆今日中に、キッチンのカウンターの上を片付けよう
◆今週中に、机の上をきれいにしよう
◆ベッドサイドのテーブルの引き出しの中を片付けよう
◆この週末に、食器棚にありすぎるマグの数を減らそう
◆多すぎるマフラーの数を3分の1に減らそう
◆もう履いていない靴を捨てよう
◆財布の中にあるレシートやポイントカードを捨てよう
◆就職してからずっと持っている給料の明細書を捨てよう
◆毎晩、洗い物をして、シンクをきれいにしよう

事前に目標を立て、それを達成できれば、嬉しいし、自信もつきます。自分で立てた計画をきっちりと実行するのは、自分との約束を守ることですから。まめに捨てているうちに、ガラクタを発見する眼力がつきますし、捨てる・捨てないの判断も次第に速くできるようになります。

計画を立てるコツは、ちょっと頑張ればできることを目標にすること、そして、いつやるか、どのくらい時間をかけるか考えて、スケジュールに入れることです。

捨てることを忘れないように、リマインダーを用意するのもおすすめ。付せんに「片付け」と書いて、毎朝、必ず見る場所に貼るといいでしょう。私は、付せんに、「1日1個捨て」と書き込んで、毎朝書くノートに、しおり代わりに貼っています。

計画を立てるのに時間をかけすぎないように。ゴールは物を捨てることで、計画を立てることではありません。カレンダーや手帳に目標を書いたり、to-doリストに予定を書いたりして、でき具合を確認すると、片付ける生活に1本ピシっと線が通ります。

「1週間に1回捨てる」とか、「週末だけ捨てる」という目標を立てても、何もやらないよりはましですが、できれば毎日、捨てることを続けてください。

「毎日やろう」と決めてしまえば忘れないし、いつも捨てることを意識していると、捨てたい物、捨てるべき物が次々と思い浮かびます。

うまくいかないときは、思い切って片付けのハードルを下げてください。1日1個捨てるだけでも、何も捨てないよりずっとましです。

5

6つの質問で、さらに捨てる物をあぶり出す

片付けをしているとき、「これ、捨てようかな。それともまだ持っていたほうがいいかな？」と迷うことがあります。そんなとき、あまり考え込まず、さっと捨てられるように、あらかじめ「こういう物はもう捨てる」という自分ルールを作っておくと、効率よく捨てられます。迷ったら、こんな質問を自分にしてみるといいでしょう。

より生活をシンプルにするために問いかける

質問❶　いつも使っている？

使っていない物を持っていても、意味がありません。部屋に物があふれているとしたら、「今、使っていない物」がありすぎるからです。

普段使っているかどうか考えて、「あまり使ってない」と思う物は処分しましょう。

「もしかしたら使うかもしれない物」や「何か特殊な状況が起きたら使うかもしれな

い物」は、「使っている物」ではありません。

質問❷ 無理して使っていない？

なんとなく無理して使っているなら捨てます。たとえば、人からいただいた物。**「好みでないし、使い道もあまりないけれど、せっかくいただいたから使わなければ」と半ば義理で使用しているとしたら、無理しています。**大枚はたいて買った使い勝手の悪い家具、着心地のあまりよくない衣類、重たいバッグ、微妙に歩きにくい靴。こうしたものを、元を取りたい一心で無理やり使い続けることは、ありませんか？新品の上質なボールペンがあるのに、粗品でもらったインクの出が悪いボールペンを使う人も少なくありません。

使うたびにストレスを感じる物は、捨てることを検討しましょう。

質問❸ 持つ意味がある？

ただ、なんとなくしまい込んでいる物は、この際、捨てましょう。それを所有する積極的な理由も、意味もありません。**たとえば、レジ袋やショップの袋。家に持ち帰ったら、何も考えず、いつも置いてあるところに突っ込んだりしませんか？**「来月の18日にある法事に持っていく上用まんじゅうの箱を入れるのに使うために、ここに置いておく」などと予定が立っていればいいのですが、たいていは、「持っておけば、そのうち何かに使えるかもね」とぼんやり思うくらいです。キープする理由がまったくないのに、単に習慣で、袋を冷蔵庫と壁のすき間に突っ込んだりします。

こうした目的意識が希薄な行動を繰り返していると、そのうち紙袋やレジ袋があふれます。

捨てる習慣がない人は、この段階で、**質問❷**に書いた「無理して使う行動」に出ます。「いい使い道はないかな？」「紙袋の収納のアイデアないかしら？」「百均で便利な収納グッズが売ってるかも？」「ショップの袋で何かを作ることができないかしら」、こんなふうに考え、インターネットで検索したり、収納アイデアが書いてある雑誌を図書館で借りたりします。

しかし、もともと大した目的もなく、キープしてしまっただけなので、そんなに簡単に有効な使い道は見つかりません。余計な考えごとや仕事が増えるだけなので、「なんとなくしまってある物」は気付いた段階で、さっさと捨てるのが得策です。

質問❹ 今、買うべき？

今、それを持っていないとして、今日の自分が、同じお金を出して店で買うかどうか考えてみます。「いや、買わないな」と思うなら捨てましょう。

買ったときは「必要だ」と思っていた物も、時間が経てば自分の気持ちも生活環境も変わるため、必要でなくなることがあります。

必要なら、ちゃんと使っているはずですから、どこかにずっとしまってあるのは、必要ではない証拠です。本当に、今の自分に必要かどうか、はっきりさせるため、「今なら買うのか？」と自分に聞いてみてください。

いったん物を所有してしまうと、私たちは、どんな物にも愛着や執着を持ってしまいます。感情に流されず、客観的に考えて決めることが、うまく手放すコツです。

質問❺ 理想の生活に貢献する？

誰しも、「こんな生活をしたい」という希望や夢、理想の暮らしがあるでしょう。

今、目の前にあるそれは、望みの生活に近付くのに役立つ品かどうか考えてください。

今、それを持っているおかげで、自分のしたい生活に近付いているのでしょうか？

それとも、望む生活をしようとしている自分の足を引っ張っているでしょうか？

たくさんの不用品は、あなたの足を引っ張ります。

「これがあると、家事が楽になって、私の生活は今よりよくなるから、たとえ限られた自分のリソースを使って管理する必要があったとしても、ずっと生活を共にする価値がある。私は、これを、自分の未来に連れていく」。そんなふうに思う物は残してもいいでしょう。そうでないなら捨て時が来ています。

なんの恩恵も感じられない物は、質がよくて素敵でも、ちゃんと使ってくれる人の手に渡るように家から出したほうが、自分にとっても物にとっても、環境にとってもいいのです。

質問❻ なくてはならない物？

自分にとって、なくてはならない物だけを持てば、生活はぐっとシンプルになります。大事に感じられる物も、必ずしも持たなければならない物ではありません。

お気に入りの物や自分の好きな物、ときめく物は残すべきだと考えがちですが、そうとも言えません。

「好き！　かわいい！　お気に入り！」という気持ちがあるからといって、自分が所有する必要はありません。私は、もともとかわいい物が好きで、若い頃はキャラクターグッズをよく買っていました。今でも見れば「かわいいなぁ」と思う物はいろいろあります。しかし、所有したいとは思わなくなりました。とても面倒みきれないし、所有しなくても普通に生きられるからです。

「あれば便利な物」というのも、大切な物に見えるかもしれません。しかし、あれば便利な物は、別になくても困らない物です。便利グッズが、たくさんありすぎると、ガラクタが増え、全体的に生活が不便になります。一つひとつは便利でも、数がありすぎると生活そのものが不便になることを忘れないでください。

おわりに
日々、少しずつ積み重ねていくことが、何よりも大事

『買わない暮らし。』を最後までお読みいただき、ありがとうございます。

読んでみて、「私にもできそうだ」と思われましたか？

いろいろとノウハウを盛り込みましたが、一度にすべてをやろうとせず、やれそうなものから、ひとつずつ手がけてください。

50歳になったとき、私は、暮らしをどこまでもシンプルにしようと決め、同時に、買い物やお金の使い方に神経を使い始めました。家にたくさん物が入れば、それだけ生活が煩雑になるからです。

以来、10年以上、買わない工夫を積み重ねてきましたが、買いすぎや無駄遣いを改めるのは決して簡単ではありません。人間の脳は、目先の変わったものを手に入れることが大好きだからです。しかも、今ほど買い物が便利な時代はありません。

私も、買い物で失敗することは今でもよくあります。２０１８年は、趣味の塗り絵グッズを買いすぎてしまい、それから2年間は、かなり厳しく買わない挑戦をしました。

すぐにガラクタになる物を買ってしまったり、買ってから「失敗した～」と思ったりすることは、よくあることです。失敗しても、自分を責めないでください。

大事なのは、価値観に沿った生活をするために、日々、工夫や実践を積み重ねることです。失敗から学んで、再度、自分の気持ちやお金とうまく付き合う生活を目指してください。

この本のもとになったのは、「筆子ジャーナル」という私のブログです。毎日のようにブログを訪れ、記事を読み、応援のメールや感想のメールを送ってくださった読者の皆様のご支持が、この本の出版につながりました。心より感謝申し上げます。

筆子

買《か》わない暮《く》らし。
片づけ、節約、ムダづかい……シンプルに解決する方法

2021年6月30日　初版発行
2022年1月14日　5刷発行

著　者……筆子《ふでこ》
発行者……塚田太郎
発行所……株式会社大和出版
東京都文京区音羽1-26-11　〒112-0013
電話　営業部03-5978-8121／編集部03-5978-8131
http://www.daiwashuppan.com
印刷所……誠宏印刷株式会社
製本所……ナショナル製本協同組合
装幀者……菊池祐
装画者……金安亮

ISBN978-4-8047-0600-9